Conteúdo digital exclusivo!

Cadastre-se e transforme seus estudos em uma experiência única de aprendizado!

Acesse agora

Portal:
www.editoradobrasil.com.br/crescer

Código de aluno:
7406260A1273876

Lembre-se de que esse código é pessoal e intransferível. Guarde-o com cuidado, pois é a única forma de você utilizar os conteúdos do portal.

Daniela Rosa • Mila T. Perez Basso • Patrícia Cândido

CRESCER
Matemática

5º ano

75 anos

Editora do Brasil

Dados Internacionais de Catalogação na Publicação (CIP)
(Câmara Brasileira do Livro, SP, Brasil)

Rosa, Daniela
  Crescer matemática, 5º ano / Daniela Rosa, Mila T. Perez Basso, Patrícia Cândido. – 1. ed. – São Paulo: Editora do Brasil, 2018. – (Coleção crescer)

  ISBN 978-85-10-06847-5 (aluno)
  ISBN 978-85-10-06848-2 (professor)

  1. Matemática (Ensino fundamental) I. Basso, Mila T. Perez. II. Cândido, Patrícia. III. Título. IV. Série.

18-15641   CDD-372.7

Índices para catálogo sistemático:
1. Matemática: Ensino fundamental 372.7
Maria Alice Ferreira – Bibliotecária – CRB-8/7964

1ª edição / 1ª impressão, 2018
Impresso no Parque Gráfico da Editora FTD

Rua Conselheiro Nébias, 887
São Paulo, SP – CEP 01203-001
Fone: +55 11 3226-0211
www.editoradobrasil.com.br

Respeite o direito autoral

© Editora do Brasil S.A., 2018
Todos os direitos reservados

Direção-geral: Vicente Tortamano Avanso

Direção editorial: Felipe Ramos Poletti
Gerência editorial: Erika Caldin
Coordenação de arte: Cida Alves
Supervisão de revisão: Dora Helena Feres
Supervisão de iconografia: Léo Burgos
Supervisão de digital: Ethel Shuña Queiroz
Supervisão de controle de processos editoriais: Marta Dias Portero
Supervisão de direitos autorais: Marilisa Bertolone Mendes

Supervisão editorial: Valéria Elvira Prete
Coordenação pedagógica: Maria Cecília Mendes de Almeida
Consultoria técnico-pedagógica: Humberto Luis de Jesus
Edição: Rodrigo Pessota, Solange Martins e Lourdes Ferreira
Assistência editorial: Cristina Silva dos Santos e João Alves de Souza Neto
Auxílio editorial: Fernanda Carvalho
Coordenação de revisão: Otacilio Palareti
Copidesque: Gisélia Costa, Ricardo Liberal e Sylmara Beletti
Revisão: Alexandra Resende, Andréia Andrade, Elaine Cristina da Silva e Maria Alice Gonçalves
Pesquisa iconográfica: Daniel Andrade
Assistência de arte: Letícia Santos
Design gráfico: Andrea Melo
Capa: Megalo Design e Patrícia Lino
Imagem de capa: Luna Vicente
Ilustrações: André Martins, Carlos Jorge, Estúdio Udes, Fábio Nienow, Henrique Brum, Ilustra Cartoon, Marcel Borges, MW Editora/Moacir Rodrigues
Produção cartográfica: DAE (Departamento de Arte e Editoração) e Sonia Vaz
Coordenação de editoração eletrônica: Abdonildo José de Lima Santos
Editoração eletrônica: Setup
Licenciamentos de textos: Cinthya Utiyama, Jennifer Xavier, Paula Harue e Renata Garbellini
Controle de processos editoriais: Bruna Alves, Carlos Nunes, Jefferson Galdino, Rafael Machado e Stephanie Paparella

Querido aluno,

Esta coleção foi pensada com muito carinho para que você possa aprender e fazer matemática tanto na escola quanto no seu dia a dia.

Em todo o livro você encontrará muitas propostas de resolução de problemas. O objetivo é que você se sinta confiante em realizar desafios que o ajudarão a compreender a disciplina.

As atividades possibilitarão a você aprender mais e mais matemática, por meio de textos, imagens, jogos, materiais manipulativos, obras de arte, brincadeiras, *softwares*, livros de história, entre outros recursos.

Aproveite as situações de trabalho individual e em grupo para se comunicar, tirar dúvidas e comentar com os colegas e professores o que aprendeu. Tudo isso o ajudará a ter mais segurança como estudante e em outras situações na vida.

Desejamos que você viva intensamente essas experiências. Estamos torcendo por seu sucesso!

As autoras

SUMÁRIO

Unidade 1
Números no mundo 7
Números 8
Algumas grandes invenções 8
Números como códigos – outra importante invenção 9
Giramundo – Um golaço de tecnologia 12
Diferentes escritas de números 13
Sequências numéricas 15
Multiplicação 18
Relembrando o algoritmo convencional da multiplicação .. 20
Proporcionalidade 22
Cálculo mental 26
Problemas e cálculos 27
Dados estatísticos 29
Coleção de problemas 32
Retomada 34
Periscópio 36

Unidade 2
Figurando 37
Figuras geométricas planas 38
Números de até cinco ordens 44
Divisão 47
Representação, leitura e escrita fracionária 52
Representação de frações na reta numérica 54
Medidas de comprimento: km, m e cm 56
Cálculo mental 60
Coleção de problemas 62
Retomada 64
Periscópio 66

Unidade 3
Qual é a chance?..............67
Números e operações....................68
Centena de milhar..........................68
Frações: equivalência.....................73
Probabilidade e estatística.............78
Chances e possibilidades...............78
Tabelas...80
   Cálculo mental....................................85
   Coleção de problemas.......................86
Retomada...88
Periscópio..90

Unidade 4
Fracionando 91
Geometria: polígonos......................92
Giramundo – Como se forma uma colmeia?..97
Comparando frações.......................98
Jogo – Memória das frações equivalentes...101
Resolvendo diferentes operações..103
Chances ou possibilidades............106
Área e perímetro............................108
   Coleção de problemas.....................117
Retomada.......................................120
Periscópio......................................122

Unidade 5
Decimais para medir......123
Figuras geométricas espaciais....124
Estatística......................................132
Um número novo: fração decimal...............................137
Explorando as operações.............142
Um pouco mais de divisão...........145
Metro e quilômetro.......................148
A chapa vai ferver.........................152
   Coleção de problemas.....................154
Retomada......................................156
Periscópio......................................158

Unidade 6
Localize-se!....................159
Plano cartesiano............................160
Jogo – Caça ao tesouro...................160
Sistema de coordenadas.............163
Gráfico de linha............................165
Sistema de numeração
  decimal: milhões........................167
Números decimais..........................171
Adição e subtração
  com decimais..............................175
Medidas de massa 178
  Coleção de problemas 183
Retomada.............................**184**
Periscópio **186**

Unidade 7
O que mudou? 187
Ângulos..188
Representação do ângulo............190
Figuras congruentes......................193
Igualdades......................................198
Proporcionalidade e razão..........200
Grandezas e medidas...................202
Probabilidade 204
  Coleção de problemas 205
Retomada.............................**206**
Construir um mundo melhor –
  Recurso precioso............................208
Periscópio **210**

Unidade 8
Porcentagem 211
Novo símbolo:
  porcentagem (%)........................ 212
Problemas com porcentagem..... 215
Calculadora 218
Frações 219
Multiplicação com
  números decimais 220
Multiplicação de números decimais
  por 10, 100 ou 1000 222
Divisão com números
  decimais no quociente..............223
Sempre posso dividir o
  que restou?.................................225
Educação Financeira.......................226
Corpos redondos 228
Congruência de figuras................230
Volume 233
Probabilidade e estatística..........236
Quantas chances?........................238
  Coleção de problemas 239
Retomada..............................**240**
Periscópio **242**

Referências **243**
Material complementar.......... **245**

Números no mundo

Você consegue identificar que veículo é este? Se imagina andando nele?

Se pensou na bicicleta, acertou!

Há muito tempo a bicicleta é um importante meio de transporte.

Observe a imagem a seguir e conheça um pouco da evolução da bicicleta.

1. Que título você daria para a imagem acima?

2. "O veículo do futuro é a bicicleta." Você concorda com essa afirmação? Por quê?

3. Que benefícios as ciclovias podem trazer para as grandes cidades?

Números

Algumas grandes invenções

Você já imaginou um carro andando sem combustível? Algumas invenções futuristas, que provavelmente vão mudar nossa rotina, já estão sendo planejadas e construídas. Entre essas invenções estão carros voadores, carne artificial, transmissão de eletricidade sem fio, robôs que são assistentes em atividades diversas e muito mais.

Protótipo de micro-ônibus espanhol elétrico, totalmente automático.

Robô servindo sorvete em Shangai, China.

Metrô que funciona sem condutor. São Paulo, São Paulo.

1. Observe a tabela ao lado. Nela estão algumas invenções que já conhecemos.
   Agora, faça o que se pede.

Invenção	Ano de invenção
Lápis	1761
Geladeira	1850
Semáforo	1868
Computador	1941
Internet	1960

   Fonte: Marcelo Duarte. *O guia dos curiosos: invenções*. 2. ed. São Paulo: Panda Books, 2007.

   a) Converse com o professor e os colegas sobre como seria o dia a dia sem essas invenções.

   b) Quanto tempo há de diferença entre a invenção mais recente e a mais antiga?

   _____

   c) Indique outra invenção que considera importante.

   _____

Números como códigos – outra importante invenção

Você já deve ter percebido que os números também podem ser utilizados como códigos, ou seja, eles podem ajudar a identificar pessoas, permitem acesso a determinados lugares ou atividades, entre muitas outras funções importantes em nosso dia a dia. Os códigos estão presentes em documentos, no Código de Endereçamento Postal (CEP) de nossa residência, em números de telefone etc.

1. Você sabe o que é um código de barras? Converse com o professor e os colegas sobre isso. Em seguida, faça o que se pede.

   a) Separe em sua casa embalagens de produtos com código de barras e traga-as para mostrar aos colegas.

   b) Faça uma pesquisa para saber a origem do código de barras. Depois, responda às perguntas:
   - Quando e onde foi criado o código de barras?
   - Para que ele foi criado?

2. O CEP também é um código. Você sabe para que ele serve? Troque ideias com os colegas.

   - Pesquise o CEP do lugar onde você mora e o de sua escola.

Para saber mais

O Código de Endereçamento Postal (CEP) é um sistema de códigos constituído de oito algarismos, que ajuda a orientar e otimizar o encaminhamento e a distribuição de objetos de correspondência.

Cada algarismo do CEP tem um significado e fornece uma informação. Veja:

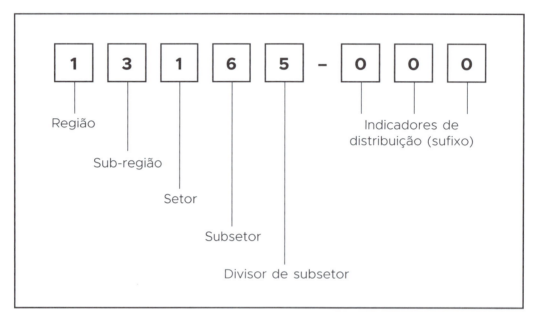

Correios. Disponível em: <www.correios.com.br/para-voce/correios-de-a-a-z/cep-codigo-de-enderecamento-postal>. Acesso em: set. 2017.

3. Veja como aparece o número no título de uma notícia sobre a seleção de natação do Brasil.

A 33ª medalha mundial da natação brasileira

• Como se lê esse número? Por que ele está representado dessa maneira?

_____

4. Com os colegas e o professor, escreva por extenso os números abaixo.

a) 1º: _____

b) 8º: _____

c) 9º: _____

d) 10º: _____

e) 12º: _____

f) 24º: _____

g) 45º: _____

h) 100º: _____

• Esses números poderiam indicar o quê? Dê exemplos.

_____
_____
_____

11

Giramundo

Um golaço de tecnologia

A imagem ao lado representa um momento importante que marcou a Copa do Mundo de 2014. Depois de observá-la, leia o texto.

No *site* da *Revista Brasileiros* foi publicada, em agosto de 2016, uma matéria com o neurocientista brasileiro Miguel Nicolelis, que é codiretor do Centro de Neuroengenharia da Duke University, em Carolina do Norte, Estados Unidos.

O homem que aparece na fotografia é o brasileiro Juliano Pinto. Ele é tetraplégico e, em conjunto com uma equipe comandada por Nicolelis, foi o responsável pelo "chute inicial" da Copa do Mundo de 2014. Juliano conseguiu dar o chute em uma bola usando um exoesqueleto, uma espécie de robô controlado pelo cérebro.

Dois anos depois, o cientista relata que oito pacientes paraplégicos, voluntários do projeto Andar de Novo – consórcio internacional liderado por ele – conseguiram recuperar parte dos movimentos de suas pernas e a sensação do tato. Esses pacientes, muitos com lesão na medula espinhal há mais de dez anos, conseguiram tomar decisões conscientes para mover seus membros inferiores e obter respostas de seus músculos. O mais surpreendente é que tiveram uma melhora a partir dessa experiência, o que era considerado impossível.

Fonte: *Página B!* Disponível em: <http://old.brasileiros.com.br/2016/08/paraplegicos-recuperam-movimentos-em-projeto-de-miguel-nicolelis/>. Acesso em: set. 2017.

1. Em sua opinião, qual é a importância dessa invenção? Troque ideias com os colegas para saber o que eles pensam sobre o assunto.

2. Se você tivesse de inventar algo para melhorar a vida das pessoas, o que seria? Em uma cartolina, faça a ilustração de sua invenção e escreva uma legenda para ela. Compartilhe seu trabalho com os colegas.

Diferentes escritas de números

1. Leia o título de uma reportagem sobre o litoral do Brasil.

Conheça os 7 400 km de Belezas Naturais do Litoral Brasileiro

Rumo ao Mar. Disponível em: <http://rumoaomar.org.br/turismo/conheca-os-74-mil-km-de-belezas-naturais-do-litoral-brasileiro.html>. Acesso em: set. 2017.

a) Procure no dicionário o significado da palavra "litoral" ou converse com o professor e os colegas sobre isso. Em seguida, escreva a definição desse termo.

_____

b) Escreva por extenso o número que aparece no título da notícia.

_____

c) Se o número do título fosse 7 milhões, como você o escreveria apenas com algarismos?

_____

d) Pesquise em jornais, revistas ou na internet como aparecem os números nos títulos de notícias ou reportagens. Escreva, pelo menos, três exemplos.

_____

13

2. Escreva como se lê os números a seguir.

a) 123 000 _____

b) 606 000 _____

c) 280 000 _____

d) 9 564 _____

e) 6 000 000 _____

3. Decomponha os números abaixo usando adição e multiplicação, como mostra o exemplo.

> Atenção! Há mais de uma possibilidade de resposta para cada número.

a) 4 694 = 2 × 2 000 + 3 × 200 + 2 × 45 + 2 × 2

b) 6 084 = _____

c) 14 248 = _____

d) 999 = _____

e) 9 886 = _____

f) 21 528 = _____

4. Considerando o número 185, responda às questões.

a) Que valor o algarismo 8 representa nesse número?

_____

b) Quantas dezenas tem esse número?

_____

c) Esse número tem quantas centenas? E quantas unidades?

_____

Sequências numéricas

1. Continue as sequências numéricas.

a) 742, 752, 762, _____, _____, _____, _____, _____, _____, _____, _____, 852

b) 2045, 3045, 4045, _____, _____, _____, _____, _____, _____, 11045

c) 875, 975, _____, _____, _____, _____, 1475, _____, _____, _____, 1875

2. Qual é o padrão de cada sequência?

a) 1099, 1299, 1499, 1699, 1899, 2099, 2299, 2499, 2699, 2899, 3099

_____

b) 5000, 4900, 4800, 4700, 4600, 4500, 4400, 4300, 4200, 4100, 4000

_____

c) 530, 560, 590, 620, 650, 680, 710, 740, 770, 800, 830, 860, 890, 920

_____

3. Há um número errado em cada uma das sequências a seguir. Descubra quais são eles e explique por que estão errados.

a) 654, 644, 634, 624, 614, 600, 594, 584, 574, 564, 554, 544

_____

b) 440, 470, 490, 520, 550, 580, 610, 630, 670, 700, 730, 760

_____

4. Preencha o quadro de multiplicação.

×	2	4	6	8	10
6					
7					
8					
9					
10					
11					

5. Escolha uma cor para pintar, no quadro de multiplicação acima, os resultados de:

- 8 × 9 e 9 × 8; _____
- 2 × 9 e 9 × 2; _____
- 10 × 2 e 2 × 10; _____
- 8 × 7 e 7 × 8. _____

Agora responda:

a) O que se pode notar em relação a essas multiplicações?

_____

b) Observando o quadro de multiplicação da **atividade 4**, cite os outros três casos em que ocorre o que você notou no item **a**.

_____
_____
_____

c) Isso acontece com todas as multiplicações? Escreva quatro exemplos que justifiquem sua resposta. Você deverá usar números maiores, por exemplo, 1230 × 65 e 65 × 1230.

_____
_____
_____
_____

d) Relembre os termos da multiplicação com o exemplo a seguir e, depois, preencha as lacunas do texto.

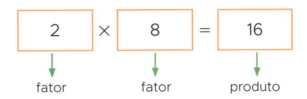

Ao testar vários cálculos, é possível constatar uma das propriedades da multiplicação: mesmo mudando a ordem dos _____, o _____ não muda. Essa propriedade da multiplicação recebe o nome de **propriedade comutativa**. Lembre-se de que comutar significa trocar.

6. Observe, a seguir, exemplos relacionados à propriedade comutativa. Escreva uma multiplicação que represente a disposição e a quantidade dos objetos de cada caixa.

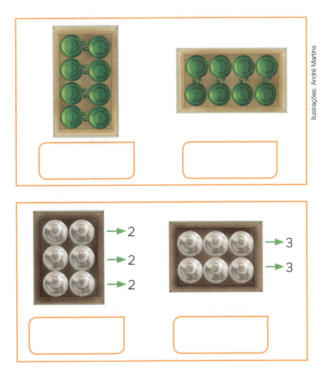

• Agora pense e responda: Saber que o resultado de uma multiplicação não se altera quando mudamos a ordem dos fatores pode ajudar nas tabuadas? Como?

_____

_____

17

Multiplicação

1. Dois alunos resolveram o problema abaixo utilizando estratégias diferentes. Veja:

> No estoque de uma loja há 65 caixas com 15 jogos em cada uma. Quantos jogos estão no estoque?

PRIMEIRO EU FIZ 60 × 15, MULTIPLICANDO 6 × 15 E ACRESCENTANDO UM ZERO. OBTIVE 900. DEPOIS FIZ 5 × 15 E OBTIVE 75. POR ÚLTIMO, SOMEI 900 COM 75 E OBTIVE 975.

EU USEI O ALGORITMO CONVENCIONAL, OU SEJA, A CONTA ARMADA. FIZ ASSIM: NA PRIMEIRA LINHA, CALCULEI 5 × 15 E COLOQUEI O RESULTADO 75. NA SEGUNDA LINHA, FIZ 60 × 15 E COLOQUEI O RESULTADO 900. PARA TERMINAR, ADICIONEI AS DUAS ÚLTIMAS LINHAS E OBTIVE 975. VEJA NO ESQUEMA AO LADO.

```
      1 5
   ×  6 5
   ─────
      7 5
    9 0 0
   ─────
    9 7 5
```

a) Observe novamente as estratégias acima e escolha uma delas para resolver as multiplicações abaixo.

• 345 × 28 =	• 867 × 25 =

• 1538 × 12 =	• 700 × 19 =

b) Como você pode verificar se as contas feitas no item anterior estão corretas? _____

_____

2. Agora é com você! Resolva cada operação a seguir utilizando as estratégias dos dois alunos, apresentadas na atividade anterior: decomposição e algoritmo convencional.

Decomposição	Algoritmo convencional
29 × 14 =	29 × 14 = × _____ _____
84 × 26 =	84 × 26 = × _____ _____

3. Utilize o cálculo mental para resolver as multiplicações e escreva os resultados.

a) 78 × 9 = _____

b) 49 × 14 = _____

c) 59 × 14 = _____

d) 63 × 15 = _____

e) 1200 × 300 = _____

f) 4200 × 200 = _____

g) 3100 × 500 = _____

Relembrando o algoritmo convencional da multiplicação

Para calcular o preço de 115 caixas de lápis podemos utilizar o algoritmo convencional. Sabendo que cada caixa custa 23 reais, fazemos:

$$\begin{array}{r} 115 \\ \times \quad 23 \\ \hline 345 \\ +\ 2300 \\ \hline 2645 \end{array}$$

345 → 3 × 115
2300 → 20 × 115

Portanto, 115 caixas de lápis custam 2 645 reais.

1. Compare a conta a seguir com a do exemplo acima e descubra qual erro foi cometido.

$$\begin{array}{r} 115 \\ \times \quad 23 \\ \hline 345 \\ +\ 230 \\ \hline 575 \end{array}$$

_____

2. Resolva, no caderno, as multiplicações abaixo.

a) 345 × 45 = _____

b) 1285 × 23 = _____

c) 808 × 18 = _____

d) 789 × 15 = _____

e) 6 548 × 9 = _____

f) 4 862 × 6 = _____

3. Estime o resultado de 367 × 125. Depois, com um colega, resolva essa multiplicação utilizando o algoritmo convencional. Vocês devem usar o mesmo raciocínio. Anotem a conta que fizeram em cada etapa.

4. Resolva as multiplicações abaixo mentalmente e registre como você fez para chegar aos resultados.

a) 76 × 9 = _____

b) 1300 × 300 = _____

c) 15 × 30 = _____

d) 400 × 10 = _____

e) 7 000 × 20 = _____

_____
_____

5. Observe o que diz Pedro.

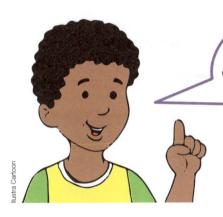

EU OLHO OS NÚMEROS E PENSO SE É MAIS FÁCIL ARMAR A CONTA E RESOLVER OU USAR ESTRATÉGIAS PARA CALCULAR APENAS MENTALMENTE, MESMO QUE OS NÚMEROS SEJAM GRANDES. POR EXEMPLO: SE EU TENHO A MULTIPLICAÇÃO 1 400 × 50, POSSO CALCULAR 1400 VEZES 5 E DEPOIS ACRESCENTAR UM ZERO, QUE VAI DAR 70 000.

6. Agora que você testou diversas maneiras de resolver multiplicações, troque ideias com os colegas e diga-lhes qual estratégia você mais gostou de usar. Cite exemplos.

Proporcionalidade

1. Veja quais são os ingredientes necessários para fazer um bolo de cenoura para 15 pessoas.

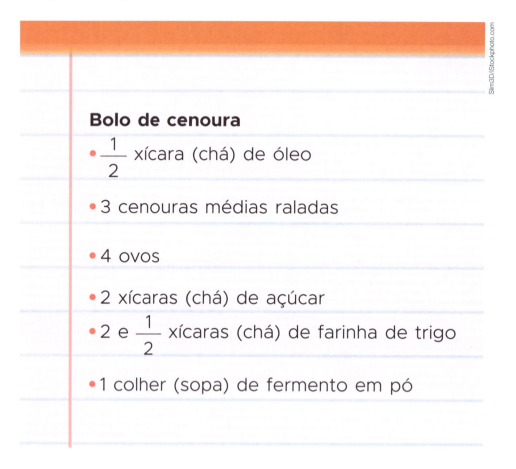

Bolo de cenoura

- $\frac{1}{2}$ xícara (chá) de óleo
- 3 cenouras médias raladas
- 4 ovos
- 2 xícaras (chá) de açúcar
- 2 e $\frac{1}{2}$ xícaras (chá) de farinha de trigo
- 1 colher (sopa) de fermento em pó

a) Calcule a quantidade necessária de cada ingrediente para preparar esse bolo para o dobro de pessoas.

Bolo de cenoura para _____ pessoas	
Quantidade	Ingrediente
	xícara (chá) de óleo
	cenouras médias raladas
	ovos
	xícaras (chá) de açúcar
	xícaras (chá) de farinha de trigo
	colheres (sopa) de fermento em pó

b) Para fazer essa receita são utilizadas 2 xícaras e $\frac{1}{2}$ de farinha de trigo. Um aluno calculou o dobro dessa quantidade da seguinte maneira:

> Calculo o dobro de 2 xícaras assim: 2 + 2 = 4; 4 xícaras. Já o dobro de $\frac{1}{2}$ xícara, eu calculo desta maneira: $\frac{1}{2} + \frac{1}{2} = 2$; 2 xícaras. 4 + 2 = 6, ou seja, 6 xícaras de farinha de trigo.

Segundo o raciocínio desse aluno, serão necessárias 6 xícaras para fazer o bolo. Ele raciocinou corretamente? Explique. Se preferir, faça um desenho para justificar sua resposta.

_____
_____
_____
_____
_____
_____
_____
_____
_____
_____

2. Complete os resultados das tabuadas.

- 2, 4, _____, _____, _____, _____, 14, _____, _____, 20

- _____, 8, _____, _____, _____, 24, _____, _____, 36, _____

- _____, 12, _____, 24, 30, _____, _____, _____, 54, _____

- 8, _____, _____, _____, 40, _____, _____, 64, 72, _____

a) Qual relação é possível observar entre os resultados de cada tabuada?
___

b) E entre os resultados das tabuadas do 3, 6 e 9?
___

3. Em uma fábrica de camisetas, há uma tabela para ajudar na contagem do estoque. Sabendo que as prateleiras têm a mesma quantidade de camisetas, faça os cálculos, da maneira que achar melhor, para saber quantas camisetas há em cada grupo de prateleiras.

Prateleiras	1	5	10	15	20	25	30	45	65
Camisetas	18								

a) Saber a quantidade de camisetas em 5 e em 10 prateleiras ajuda a calcular a quantidade em 15 prateleiras? Como?
___

b) Junte-se a um colega e pensem em quais resultados podem ser obtidos com o apoio de outros cálculos.
___
___
___

4. Junte-se a alguns colegas e, em grupo, pensem na melhor estratégia para resolver cada situação observada em uma loja de brinquedos. Registrem todas as etapas das resoluções para compartilhá-las com o restante da turma.

a) Se um jogo custa R$ 67,00, quanto custam 3 jogos iguais a esse?

• Quantos desses jogos posso comprar com R$ 335,00?

b) Se 6 bonecas custam R$ 270,00, quanto custa cada boneca?

• Quanto custam 10 bonecas iguais a essa?

5. Complete o quadro com o preço de cada quantidade de caixas de lápis de cor indicada. Lembre-se de que o resultado de uma conta pode ajudar a pensar no resultado de outras.

Caixa de lápis de cor	1	10	20	50	115	100
Preço em reais		R$ 230,00				

Cálculo mental

1. Calcule mentalmente o número que falta em cada operação e complete-as.

   a) _____ − 300 = 1274

   b) _____ − 600 = 99 042

   c) _____ + 29 = 311

   d) _____ + 19 000 = 75 540

   e) _____ × 2 = 440

   f) _____ × 5 = 625

   g) _____ × 12 = 2 208

   h) _____ ÷ 2 = 42

   i) _____ ÷ 8 = 102

   j) _____ ÷ 6 = 96

   • Que estratégia você usou para descobrir os números?

   _____

   _____

   _____

2. Calcule mentalmente os resultados das multiplicações.

   a) 5 × 10 = _____

   10 × 10 = _____

   20 × 10 = _____

   b) 5 × 80 = _____

   10 × 80 = _____

   20 × 80 = _____

   c) 5 × 900 = _____

   10 × 900 = _____

   20 × 900 = _____

   d) 5 × 7 000 = _____

   10 × 7 000 = _____

   20 × 7 000 = _____

   • O que você percebeu em relação aos resultados encontrados em cada item?

   _____

   _____

Problemas e cálculos

1. Leia o problema e faça o que se pede.

> Antônia comprou uma passagem de avião por R$ 1.740,00. Ela decidiu pagá-la em 12 parcelas iguais, já que não haveria diferença entre o valor pago à vista e o parcelado. Qual é o valor de cada parcela que Antônia pagará por mês?

a) Qual é o significado da palavra "parcelas"?

☐ Dividir o valor total da passagem em 12 pagamentos.

☐ Diminuir 12 reais do valor total da passagem.

b) Que cálculo é o melhor para fazer uma estimativa do valor de cada parcela?

☐ 3 × 12   ☐ 8 × 12   ☐ 100 × 12

• Explique o motivo da sua escolha.

c) Agora que você já pensou sobre a ideia e a estratégia para saber o valor de cada parcela, resolva o problema.

2. Com relação à compra feita por Antônia, pense sobre a situação a seguir.

> E se Antônia tivesse escolhido pagar a viagem com a metade do número de parcelas? Qual seria o valor de cada parcela?

• Registre uma maneira de resolvê-la. Lembre-se de escrever a resposta de maneira completa.

27

3. Veja como dois alunos resolveram o problema de Antônia com o pagamento em 6 parcelas:

Samuel	Joana
1 7 4 0 ┆ 6 − 6 0 0 ┆ 100 1 1 4 0 ┆ + 100 − 6 0 0 ┆ 90 5 4 0 ┆ 290 − 5 4 0 0 0 0	145 × 2 = 290

- Junte-se a um colega e escrevam o que vocês perceberam sobre cada uma das estratégias adotadas.

Samuel _____

Joana _____

4. Se você comprar um jogo por R$ 164,00 e pagá-lo em 2 parcelas iguais, de quanto será cada parcela? _____

- E se você comprar o mesmo jogo e pagá-lo em 4 parcelas iguais, de quanto será cada parcela? _____

5. Caio comprou um celular e vai pagá-lo em 7 parcelas iguais de 146 reais. No total, quanto ele pagará pelo celular? _____

6. Se eu dividir o total de R$ 600,00 em 8 parcelas iguais, terei que pagar ____ reais em cada parcela. Se eu dividir o mesmo valor em metade do número de parcelas iguais, pagarei em cada parcela ____ reais.

Dados estatísticos

Você sabe o que é dengue? Já ouviu falar sobre a causa dessa doença?

1. Junte-se a alguns colegas e leiam este panfleto, distribuído pelo governo do Estado da Bahia, sobre o ciclo de transmissão da dengue. Depois, conversem sobre as informações que vocês descobriram.

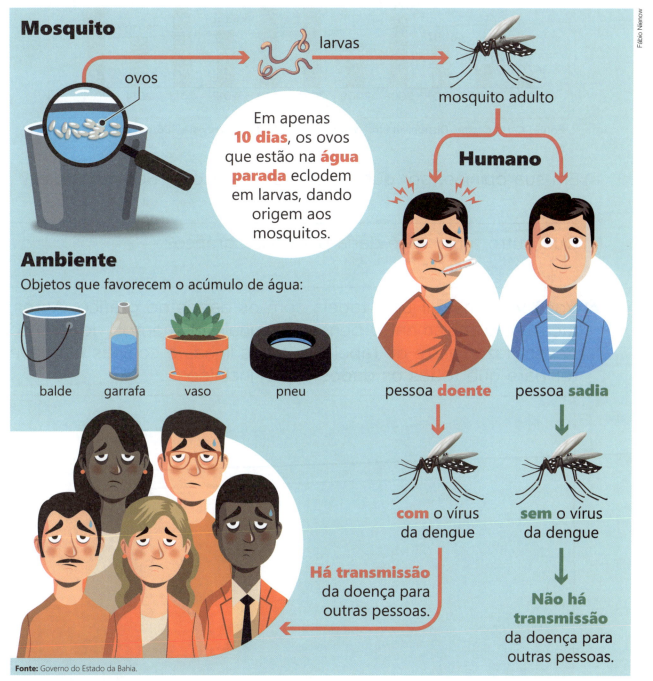

Fonte: Governo do Estado da Bahia.

2. Observe os dados do gráfico abaixo sobre os casos de dengue no Brasil.

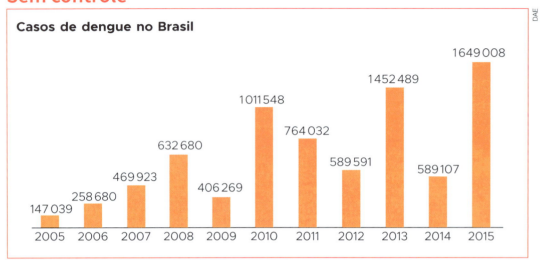

Fonte: *Carta Capital*. Disponível em: <www.cartacapital.com.br/revista/886/e-haja-mosquitos>. Acesso em: set. 2017.

a) Em sua opinião, por que o título do gráfico é "Sem controle"?

___

b) Que outro título você daria para esse gráfico?

___

c) Você vai construir uma tabela com os dados do gráfico. Antes, faça um planejamento: pense em quais elementos do gráfico devem fazer parte da tabela, quantas linhas e colunas ela deve ter para que todos os dados sejam incluídos.

d) Analise o gráfico e a tabela e, no caderno, escreva um texto sobre os dados apresentados. Atenção: lembre-se de incluir informações como:

- ano em que houve mais casos da doença;
- ano em que houve menos casos da doença;
- diferença do número de casos entre os anos com menos e com mais casos;
- sua hipótese sobre o motivo do crescimento ou da diminuição dos casos.

3. Converse com as pessoas que moram com você a respeito da dengue e verifique se todas elas tomam os cuidados indicados a seguir.

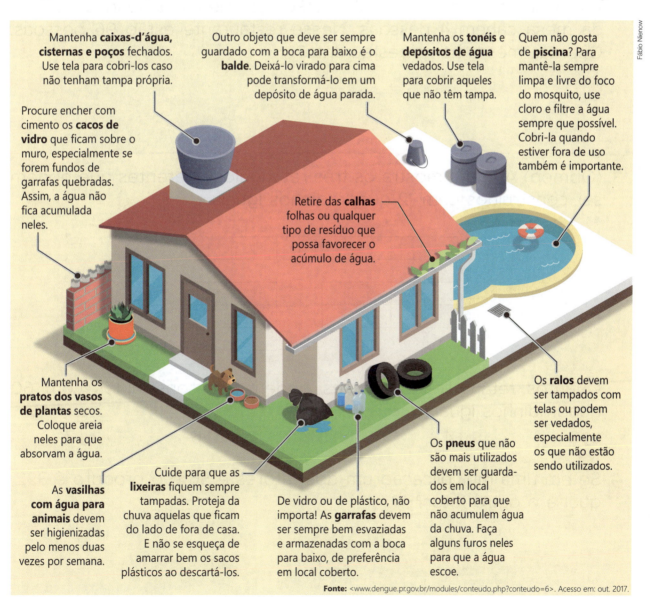

Fonte: <www.dengue.pr.gov.br/modules/conteudo.php?conteudo=6>. Acesso em: out. 2017.

Coleção de problemas

1. (Obmep) Pedro Américo e Candido Portinari foram grandes pintores brasileiros e Leonardo da Vinci foi um notável artista italiano. Pedro Américo nasceu em 1843. Já Leonardo nasceu 391 anos antes de Pedro Américo e 451 anos antes de Portinari. Em que ano Portinari nasceu?

   ☐ 1903   ☐ 1905   ☐ 1907
   ☐ 1904   ☐ 1906

2. As mesas de um restaurante estão totalmente ocupadas. Em cada mesa cabem 4 pessoas. Nesse restaurante estão 96 pessoas. Quantas mesas há no restaurante?

   _____

3. (Obmep) A figura mostra os três retângulos diferentes que podem ser construídos com 12 quadradinhos iguais.

   Quantos retângulos diferentes podem ser construídos com 60 quadradinhos iguais?

   a) 3   b) 4   c) 5   d) 6   e) 7

4. Se em uma multiplicação um dos fatores é 56 e o produto é 392, qual é o outro fator?

   _____

5. Em uma adição, qual é a primeira parcela se a segunda é 7 256 871 e a soma é 15 687 128?

☐ + 7 256 871 = 15 687 128

6. Considere que um avião tem capacidade para 430 passageiros. Com base nessa informação, crie um problema de multiplicação com duas perguntas e troque de livro com um colega para que um resolva o problema formulado pelo outro. Atenção: se você tiver alguma dificuldade em entender o problema criado por seu colega, converse com ele a respeito de sua dúvida ou anote-a para mostrá-la a ele.

_____

_____

7. Uma sala de cinema tem 305 lugares. Qual será a capacidade de duas salas iguais a essa? E a capacidade de 4, 6, 8 e 10 salas?

_____

8. Com 630 reais eu consigo comprar quantos brinquedos:
   a) de 45 reais cada?   **c)** de 21 reais cada?

   b) de 63 reais cada?   **d)** de 42 reais cada?

Retomada

1. Observe o quadro numérico e a regra da sequência que o forma. Depois, complete-o.

		+ 1001	+ 1001	+ 1001
a)	3 568	4 569		
b)				10 575
c)	11 576			
d)				18 583
e)	19 584	20 585	21 586	

2. Decomponha cada número a seguir utilizando multiplicação e adição.

a) 8 426 = _____

b) 638 = _____

c) 1 250 = _____

d) 9 946 = _____

3. Como decompor o número 452 para realizar, mentalmente, a subtração 452 − 298?

4. Escreva quantas centenas, dezenas e unidades cada número tem.

Número	Quantidade de centenas	Quantidade de dezenas	Quantidade de unidades
325			
220			
158			
1000			

34

5. Calcule:

a) 145 × 26 = _____

b) 16 × 48 = _____

c) 236 × 5 = _____

d) 867 × 4 = _____

e) 4 500 ÷ 15 = _____

f) 966 ÷ 14 = _____

g) 522 ÷ 6 = _____

h) 288 ÷ 6 = _____

6. Observe as contas, identifique os erros e corrija-os.

a)
```
    5 4
    6 7 5
  ×     8
  ─────────
  5 3 6 0
```

b)
```
      3 3
      4 5 5
  ×     3 6
  ─────────
    2 7 3 0
    1 3 6 5
  ─────────
    4 0 9 5
```

- Que tipos de erros foram cometidos?

_____
_____
_____
_____
_____

7. Preencha a tabela com os resultados.

×	4	10	14	20	30
3					
6					
9					

35

Periscópio

📖 Para ler

O livro das invenções, de Marcelo Duarte. São Paulo: Companhia das Letras, 1997.

Esse livro conta a história de invenções famosas em todo o mundo, como a do avião, a do telefone e a de objetos comuns, que têm histórias interessantes e até engraçadas.

👆 Para acessar

A Turma da Mônica – Um pequeno grande vilão: Edição especial da história em quadrinhos em que toda a turma se envolve no combate ao mosquito da dengue.
Disponível em: <http://turmadamonica.uol.com.br/dengue/>. Acesso em: set. 2017.

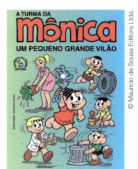

Ciência Hoje das Crianças: desafiados a desenhar suas invenções e a posar para fotos, cientistas mostram o que têm estudado e descoberto. O resultado? Um belíssimo e divertido trabalho.
Disponível em: <http://chc.org.br/nao-entendi-desenha/>. Acesso em: set. 2017.

▶ Para assistir

A invenção de Hugo Cabret, direção de Martin Scorsese, 2012.

A história do filme se passa em Paris, nos anos 1930. Um menino órfão chamado Hugo Cabret vive em uma estação de trem com o tio e um robô quebrado que ganhou do pai. Certo dia, ele conhece Isabelle e descobre que a menina tem uma chave que se encaixa no mecanismo de funcionamento do robô. Com a chave, eles conseguem consertá-lo e então muitas surpresas acontecem.

Figurando

Observe a obra cubista de Pablo Picasso e converse com o professor e os colegas.

Pablo Picasso. *Fábrica no Horto de Ebro*, 1909. Pintura a óleo, 53 × 63 cm.

1. Quais são as formas geométricas mais usadas pelo artista?

2. Produza uma obra inspirada no Cubismo e organize com os colegas um mural para expô-la.

Figuras geométricas planas

Nadir Afonso. *Composição geométrica*, 1947. Óleo sobre tela, 94 × 104,3 cm.

1. Recortamos uma parte da obra acima para destacar alguns detalhes. Depois de observá-la, responda às questões.

a) Qual é a figura plana que mais se destaca na imagem?

_____

b) Quais são as outras figuras planas que podem ser formadas com o triângulo?

_____

38

2. Veja outra parte recortada da mesma obra:

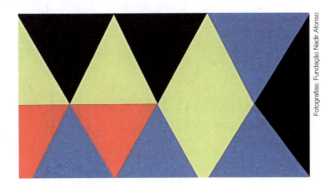

a) Encontre um trapézio formado por três triângulos e contorne-o com canetinha ou lápis de cor. Seus colegas encontraram o mesmo trapézio?

b) Há trapézios formados por quatro figuras planas cada um. Usando régua, represente esses trapézios na malha pontilhada abaixo.

3. Algumas figuras geométricas planas podem ser chamadas de **polígonos**. Converse com o professor e os colegas sobre o que vocês já sabem em relação aos polígonos e, juntos, elaborem um texto para explicar que figuras são essas.

_____

_____

_____

4. Qual é a figura geométrica que aparece na parte a seguir, retirada da mesma obra, e que não é um polígono? Você consegue explicar por que ela não é um polígono?

_____

39

5. Pinte somente os polígonos.

Todo polígono é nomeado de acordo com a quantidade de lados que possui. Veja:

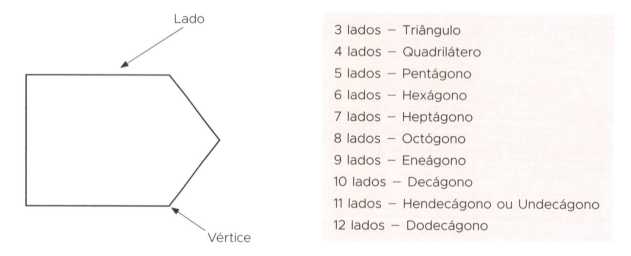

3 lados — Triângulo
4 lados — Quadrilátero
5 lados — Pentágono
6 lados — Hexágono
7 lados — Heptágono
8 lados — Octógono
9 lados — Eneágono
10 lados — Decágono
11 lados — Hendecágono ou Undecágono
12 lados — Dodecágono

6. Complete o quadro com as informações que faltam.

Polígono	Número de lados	Número de vértices	Nome do polígono
			triângulo

Polígono	Número de lados	Número de vértices	Nome do polígono

Você deve estar se perguntando onde estão o quadrado, o losango, o retângulo, o trapézio e o paralelogramo.

Todos esses polígonos possuem _____ lados. Então, podem ser classificados como _____.

41

7. Observe os polígonos.

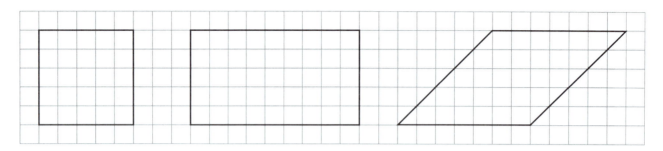

a) Pinte-os de acordo com a legenda.

🍁 retângulo

🍁 quadrado

🍁 paralelogramo

b) O que eles têm em comum?

_____

8. Escreva o nome dos quadriláteros.

• Todos os quadriláteros têm _____ lados e _____ vértices.

9. Utilizando o computador, com um *software* para criação de desenhos, desenhe ou escolha 5 formas que são polígonos e outras 5 formas que não são.

10. Reproduza na malha pontilhada os polígonos que você desenhou na atividade anterior. Depois, preencha o quadro com as informações pedidas.

Polígono	Número de lados	Número de vértices

Números de até cinco ordens

1. Complete as sequências do quadro numérico.

11 000	12 000	13 000	14 000	15 000	16 000	17 000	18 000	19 000	20 000
21 000	22 000	23 000	24 000						
31 000	32 000	33 000	34 000	35 000	36 000	37 000	38 000	39 000	40 000
41 000	42 000								
51 000	52 000								
61 000	62 000								70 000
71 000	72 000	73 000	74 000	75 000	76 000	77 000	78 000	79 000	80 000
				85 000	86 000	87 000	88 000	89 000	90 000
91 000	92 000	93 000	94 000	95 000	96 000	97 000	98 000	99 000	100 000

2. Pinte:
- de verde o número noventa e três mil;
- de amarelo o número oitenta e quatro mil;
- de azul a primeira linha do quadro numérico;
- de vermelho a última coluna do quadro numérico.

3. Observe a linha que você pintou de azul. Os números estão em ordem crescente ou decrescente? _____

- De quanto em quanto? _____

4. Observe a coluna que você pintou de vermelho. De um número para o outro aumenta de quanto em quanto?

_____

44

5. Escolha quatro números do quadro numérico e organize-os no quadro valor de lugar.

Milhar		Unidades simples		
Dezena	Unidade	Centena	Dezena	Unidade

6. Há um número no quadro numérico que não pode ser colocado no quadro valor de lugar da atividade anterior. Qual é o número e por que ele não pode ser colocado nesse quadro?

_____

_____

_____

7. Demonstre, com o número 21000, como ficaria qualquer outro número do quadro numérico se a ele você adicionar uma centena.

_____

• E se acrescentar 10 ao número que você acabou de compor?

_____

8. Qual é o número formado por:

a) 2 dezenas de milhar, 1 unidade de milhar, 9 centenas e 4 dezenas?

_____

b) 3 dezenas de milhar, 3 unidades de milhar, 3 centenas, 3 dezenas e 3 unidades? _____

c) 6 unidades de milhar e 4 unidades? _____

d) 8 dezenas de milhar, 2 centenas e 8 unidades? _____

9. Decomponha os números:

a) 64 672 _____

b) 16 391 _____

c) 71 654 _____

d) 99 999 _____

e) 88 026 _____

f) 50 123 _____

g) 29 909 _____

10. Contorne o que é maior em cada retângulo.

1 dezena de milhar ou 6 centenas	4 dezenas de milhar ou 30 unidades de milhar
3 centenas ou 20 dezenas	299 centenas ou 30 unidades de milhar
4 dezenas de milhar ou 4 unidades de milhar	54 unidades de milhar ou 600 centenas

11. Observe o número 83 472. Podemos dizer que ele é composto por:

- 83 472 unidades,
- 8 347 dezenas,
- 834 centenas,
- 83 unidades de milhar e
- 8 dezenas de milhar.

A partir do exemplo, complete:

a) 82 074
- unidades: _____
- dezenas: _____
- centenas: _____
- unidades de milhar: _____
- dezenas de milhar: _____

b) 28 704
- unidades: _____
- dezenas: _____
- centenas: _____
- unidades de milhar: _____
- dezenas de milhar: _____

Divisão

1. Alice trabalha em uma loja de meias. Ela precisa organizar 96 pares de meias em 6 cestos. Quantos pares de meias ficarão em cada cesto?

- Observe como duas alunas resolveram essa situação.

2. No caderno, resolva as divisões utilizando o procedimento de sua preferência. Depois, complete as lacunas com os resultados.

a) 64 ÷ 4 = _____	d) 165 ÷ 3 = _____
b) 112 ÷ 4 = _____	e) 39 ÷ 3 = _____
c) 170 ÷ 5 = _____	f) 98 ÷ 7 = _____

47

3. A professora Luciana trouxe um desafio para os alunos. Ela propôs que eles fizessem a divisão de 1 624 por 8, porém eles não poderiam usar lápis nem papel, somente Material Dourado e saquinhos. Ficaram matutando um pouquinho...

SE TEMOS QUE DISTRIBUIR 1 624, PRECISAMOS REPRESENTAR ESSE NÚMERO NO MATERIAL DOURADO.

- Quanto você acha que dará o resultado dessa divisão? Maior do que 10? Do que 100? Ou maior do que 1000? Faça uma estimativa e anote-a.

_____
_____
_____
_____

SE TEMOS 8 SAQUINHOS, PODEMOS COMEÇAR A DISTRIBUIÇÃO DO MATERIAL DOURADO NOS SAQUINHOS.

48

Veja como os meninos fizeram a divisão.
Diego começou a fazer a distribuição.

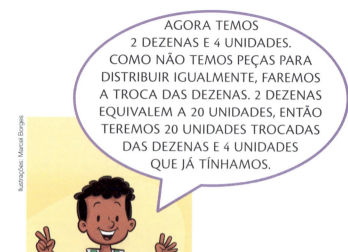
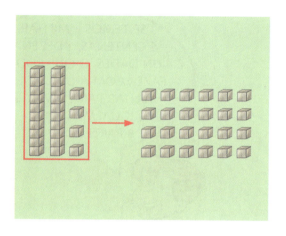

A professora Luciana explicou:

Uma unidade de milhar precisa ser trocada por dezenas. Para indicar isso, registramos na conta um arco e juntamos a unidade de milhar com as centenas que já tínhamos.

Quando efetuamos a troca da unidade de milhar por centenas, fica claro que nos saquinhos não haverá nenhuma unidade de milhar. Isso significa que no quociente dessa divisão teremos somente centenas, dezenas e unidades.

Dividimos as 16 centenas por oito. Vimos que ficaram 2 centenas em cada saquinho porque 8 × 2 centenas é igual a 16 centenas.

Quando colocamos as centenas nos saquinhos, **tiramos** as peças do lugar onde estavam, por isso representamos no algoritmo a subtração realizada.

Agora que não temos mais centenas para distribuir, faremos a distribuição das dezenas. Por isso, registramos no algoritmo as dezenas que já temos.

Como não temos dezenas suficientes para distribuir em 8 partes iguais, registramos o 0 (zero) no quociente.

Trocamos as duas dezenas que restaram por 20 unidades, que juntamos com as 4 unidades que já tínhamos. Ficamos então com 24 unidades.

24 dividido por 8 é igual a 3, porque 8 × 3 = 24.

4. Sem resolver as divisões, determine quantos algarismos há no quociente.

a) 6 126 ÷ 6 _____

b) 216 ÷ 9 _____

c) 612 ÷ 12 _____

d) 8 617 ÷ 7 _____

e) 400 ÷ 8 _____

f) 336 ÷ 3 _____

5. Resolva no caderno as divisões da atividade anterior, utilizando a estratégia de sua preferência.

51

Representação, leitura e escrita fracionária

1. Construa dois círculos de mesmo tamanho, um em papel azul e outro em papel amarelo, e depois recorte-os. Dobre o círculo azul em duas partes iguais, o círculo amarelo em quatro partes iguais e recorte todas elas.

    a) Cada parte do círculo azul representa que fração desse círculo?

    _____

    b) Cada parte do círculo amarelo representa que fração dele? _____

    c) Por que escrevemos $\frac{1}{2}$ para representar metade?

    _____

    _____

    d) Quantas partes amarelas recobrem totalmente uma parte azul?

    _____

    • Desenhe como você fez para descobrir.

52

2. Pinte cada figura de acordo com quanto dela está indicado pela respectiva fração.

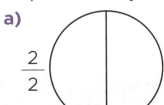
a)

b) 5/8   c) 4/12

3. Responda à pergunta de Alícia. Registre como você pensou.

EU DAREI UM PEDAÇO DE CHOCOLATE PARA VOCÊ! O QUE PREFERE? UM QUARTO OU UM OITAVO DELE?

_____

_____

Lemos as frações com denominadores de 2 até 9 assim:

$\frac{1}{2}$ → um meio $\frac{1}{4}$ → um quarto $\frac{1}{6}$ → um sexto $\frac{1}{8}$ → um oitavo

$\frac{1}{3}$ → um terço $\frac{1}{5}$ → um quinto $\frac{1}{7}$ → um sétimo $\frac{1}{9}$ → um nono

As frações com denominadores 10, 100 ou 1000 são lidas assim:

$\frac{1}{10}$ → um décimo $\frac{1}{100}$ → um centésimo $\frac{1}{1000}$ → um milésimo

As frações com outros denominadores maiores do que 10, e diferentes de 100 e 1000, são lidas assim:

$\frac{1}{11}$ → um onze avos $\frac{1}{20}$ → um vinte avos

$\frac{1}{12}$ → um doze avos $\frac{1}{30}$ → um trinta avos

Representação de frações na reta numérica

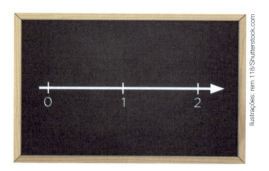

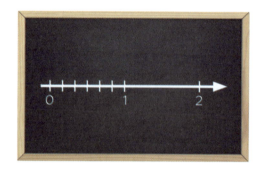

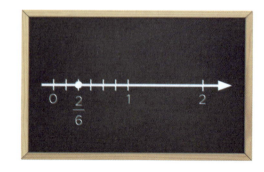

DESSA FORMA, QUAL SERÁ A FRAÇÃO QUE REPRESENTARÁ UM INTEIRO NO INTERVALO ENTRE 0 E 1? LOCALIZE E ESCREVA ESSA FRAÇÃO.

1. Localize as frações nas retas numéricas.

a) $\dfrac{1}{5}$

c) $\dfrac{6}{8}$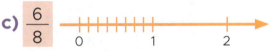

b) $\dfrac{2}{3}$

d) $\dfrac{3}{8}$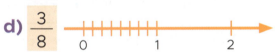

2. Escreva a fração que está representada na reta numérica.

a)

b)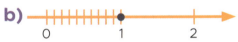

3. Localize as seguintes frações na reta numérica.

a) $\dfrac{2}{4}$; b) $\dfrac{6}{8}$; c) $\dfrac{3}{4}$; d) $\dfrac{8}{8}$

a)

b)

c)

d)

Medidas de comprimento: km, m e cm

1. Carlos quer instalar um varal com 3 cordas em sua casa. Ele já instalou os ganchos que prenderão as cordas, e para comprá-las usou uma medida padronizada, que é o **metro** (**m**). Ele mediu a distância entre os ganchos a fim de saber quantos metros precisará comprar.

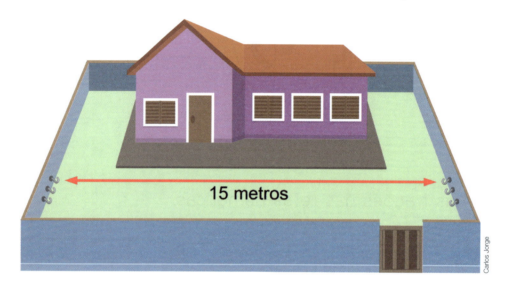

a) Quantos metros de varal Carlos terá quando as cordas estiverem presas?

_____

> Para relembrar...
> Nos anos anteriores você estudou outras formas de medir comprimento. Você mediu usando palmos, passos, braços, pés etc.

b) Por que Carlos optou por usar o metro e não usou passos ou pés?

_____

_____

_____

c) Qual instrumento padronizado Carlos pode ter usado para medir a distância entre os ganchos?

_____

2. A unidade padronizada para medir comprimento é o metro. Mas como fazemos para medir comprimentos menores e maiores que o metro? Que instrumentos usamos? Produza um texto com o professor e os colegas sobre a unidade padronizada para medir comprimento.

_____

_____

_____

_____

3. Qual é o instrumento mais eficiente para medir a altura da porta da sala de aula? Contorne-o.

a) Estime qual é a altura da porta de sua sala de aula.

_____

b) Meça a altura da porta da sala de aula e registre a medida.

_____

4. Qual é o instrumento mais eficiente para medir a largura de seu livro de Matemática? Contorne-o.

a) Estime qual é a largura de seu livro de Matemática.

_____

b) Meça a largura do livro de Matemática e registre a medida.

_____

5. Leia a conversa entre pai e filho.

• Quem está certo? Por quê?

_____

Muito intrigado com a observação do pai, Tiago foi pesquisar mais sobre as unidades de medida de comprimento.

Veja o que Tiago descobriu:

> O metro é a medida padronizada quando se quer saber a medida de comprimento de algo. Pode ser a medida de uma porta, de uma janela, a altura de uma casa ou de um prédio etc.
>
> Para medir comprimentos menores que o metro, usamos o centímetro. A cada 100 centímetros temos 1 metro.
>
> Então 1 metro = 100 centímetros. Representamos centímetros por **cm** e metros por **m**.
>
> Para medir comprimentos muito grandes usamos o quilômetro. Para formar 1 quilômetro são necessários 1000 metros.
>
> Então 1 quilômetro = 1000 metros. Para indicar quilômetro usamos **km**.

Se 1 m = 100 cm, então a cama de Tiago tem:
100 cm + 88 cm = 188 cm ou 1 m e 88 cm.

6. Com base na pesquisa que Tiago realizou, responda:

a) Renato mede um metro e oitenta e cinco centímetros. Escreva a altura de Renato em centímetros. _____

b) Luiz corre diariamente 3 km pelo parque. Quantos metros ele corre todo dia? _____

c) A distância entre as cidades de São Paulo e Campinas é de 100 km. Quantos metros Campinas é distante de São Paulo?

_____

> As medidas de comprimento podem ser expressas em:
> quilômetros (km) ⟶ 1 km = 1000 m
> metros (m) ⟶ 1 m = 100 cm
> centímetros (cm) e milímetros (mm) ⟶ 1 cm = 10 mm

7. Sente-se com um colega e inventem uma pergunta usando medida de comprimento. Depois troquem a pergunta de vocês com outra dupla.

_____

_____

Cálculo mental

1. Complete o quadro de multiplicação.

×	0	1	2	3	4	5	6	7	8	9	10
0											
1	0										
2	0										
3	0										
4	0										
5	0										
6	0										
7	0										
8	0										
9	0										
10	0	10	20	30	40	50	60	70	80	90	100

2. Complete as igualdades seguindo o modelo.

$$10 \times 2 = 4 \times 5 = 20$$

a) 6 × 4 = ____ × 8 = ____

b) 3 × 3 = ____ × 1 = ____

c) 4 × 3 = ____ × 2 = ____

d) 10 × ____ = 20 × 3 = ____

e) 8 × ____ = 20 × 2 = ____

f) 2 × ____ = 6 × 3 = ____

g) 3 × ____ = 4 × 6 = ____

h) 10 × ____ = ____ × 2 = ____

i) 10 × ____ = ____ × 25 = ____

j) 10 × ____ = ____ × 8 = ____

k) 10 × ____ = ____ × 2 = ____

3. Calcule mentalmente.

a) 20 ÷ 4 = ____ 20 ÷ 5 = ____	**c)** 18 ÷ 3 = ____ 18 ÷ 6 = ____	**e)** 35 ÷ 5 = ____ 35 ÷ 7 = ____
b) 15 ÷ 3 = ____ 15 ÷ 5 = ____	**d)** 40 ÷ 5 = ____ 40 ÷ 8 = ____	**f)** 30 ÷ 6 = ____ 30 ÷ 5 = ____

- O que se observa entre as divisões de cada item?

_____

_____

4. Calcule mentalmente.

a) | 20 ÷ 5 = ____ | 200 ÷ 5 = ____ | 2 000 ÷ 5 = ____ |

b) | 15 ÷ 3 = ____ | 150 ÷ 3 = ____ | 1500 ÷ 3 = ____ |

c) | 18 ÷ 6 = ____ | 180 ÷ 6 = ____ | 1800 ÷ 6 = ____ |

d) | 14 ÷ 7 = ____ | 140 ÷ 7 = ____ | 1400 ÷ 7 = ____ |

- O que se observa entre as divisões de cada item? Explique.

_____

_____

_____

5. (Prova Brasil) — A professora de João pediu para ele decompor um número e ele fez da seguinte forma: 4 × 1000 + 3 × 10 + 5 × 1. Qual foi o número pedido?

a) 4 035   **b)** 4 305   **c)** 5 034   **d)** 5 304

Coleção de problemas

1. Uma escola tem 1152 alunos matriculados em 36 turmas com a mesma quantidade de alunos. Quantos alunos há em cada turma?

2. Em um *shopping* trabalham 402 pessoas, distribuídas igualmente em três turnos de trabalho. Quantas pessoas trabalham em cada turno?

3. Determine o dividendo, sabendo que é um número entre 270 e 280, que o divisor é 6, e que a divisão é exata.

4. Um granjeiro tinha 365 galinhas. Comprou mais 162 e depois vendeu 194 galinhas. Quantas galinhas esse granjeiro tem agora?

_____

5. Complete a frase com o nome das pessoas.
- Alice é mãe de Mila, Júlia é filha de Alice, Manuela é filha de Mila.

Então _____ é neta de _____ e sobrinha de _____.

6. Descubra qual é a pergunta para o problema, sabendo que você poderá escolher somente aquela que pode ser respondida pela divisão 495 ÷ 9. Pinte-a e resolva o problema.

a) Um feirante colocou 495 maçãs em caixas com 9 maçãs cada uma.

| Quantas maçãs estragaram? |

| Quantas caixas foram usadas? |

| Quantas caixas não foram usadas? |

| Quantas maçãs a mais havia em cada caixa? |

_____

b) Escolha uma das perguntas que não tem resposta e, em seu caderno, altere o texto do problema, resolva-o e dê a resposta.

63

Retomada

1. Complete o diagrama usando somente algarismos para representar os números.

    a) 10 000 + 2 000 + 500 + 1 = _____

    b) 30 000 + 1 100 + 12 = _____

    c) 4 × 10 000 + 100 + 10 = _____

    d) 5 × 1 000 + 5 × 100 + 5 × 10 + 5 × 1 = _____

    e) 56 000 + 2 × 100 + 3 × 10 = _____

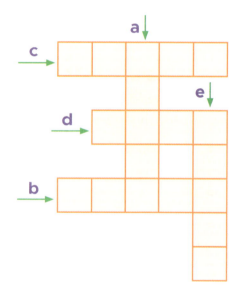

2. Escreva como se lê cada fração.

    a) $\dfrac{3}{4}$ _____

    b) $\dfrac{7}{8}$ _____

    c) $\dfrac{4}{12}$ _____

    d) $\dfrac{2}{10}$ _____

3. Pinte o quadro com a unidade de medida mais adequada para medir:

a) a distância entre dois países; | quilômetro | metro | centímetro |

b) a largura de seu quarto; | quilômetro | metro | centímetro |

c) o comprimento de seu caderno. | quilômetro | metro | centímetro |

4. Observe o diálogo entre os amigos.

MINHA CASA FICA A 5 000 METROS DA ESCOLA.

E A MINHA CASA FICA A 5 QUILÔMETROS DA ESCOLA.

- Quem mora mais perto da escola? Justifique.

_____
_____
_____

5. Resolva as divisões a seguir.

a) 1116 ÷ 9 = _____

b) 894 ÷ 6 = _____

c) 2 234 ÷ 4 = _____

65

Periscópio

📖 Para ler

Picasso, de Tony Hart e Susan Hellard. São Paulo: Callis, 2012. (Crianças Famosas).
A infância do famoso artista é apresentada com texto e imagens que mostram a genialidade de Picasso desde sua primeira pintura, **O toureiro**, feita quando tinha 8 anos de idade.

O genial mundo da matemática, de Jonathan Litton e Thomas Flintham. São Paulo: Publifolha, 2014.
Livro que leva o leitor a desvendar fatos curiosos da matemática, enquanto vai abrindo abas e dobras. Leitura para aprender, mas que parece mais um jogo ou uma brincadeira.

Qual é a chance?

Sua gaveta contém 10 pares de meias brancas e 10 pares de meias pretas. Suponha que você só possa pegar uma meia de cada vez e que não possa ver a cor desta meia até que a retire da gaveta.

Quantas meias você terá de pegar até obter, no mínimo, um par de meias da mesma cor?

_____
_____
_____
_____

Números e operações

Centena de milhar

1. Leia a notícia abaixo.

Cientistas localizam crânio humano de 400 mil anos em Portugal

Vestígio é o mais antigo já encontrado no país e o primeiro associado a ferramentas de pedra; descoberta pode ajudar a desvendar origem dos neandertais.

O fóssil de um crânio humano com mais de 400 000 anos é o mais antigo já encontrado em Portugal, de acordo com um estudo realizado por um grupo internacional de cientistas. O crânio é o primeiro dessa idade encontrado em Aroeira, cerca de 25 quilômetros ao sul de Lisboa, onde [...] já haviam sido localizadas grandes quantidades de ferramentas de pedra.

[...]

Veja. Disponível em: <http://veja.abril.com.br/ciencia/cientistas-localizam-cranio-humano-de-400-mil-anos-em-portugal/>. Acesso em: set. 2017.

a) Converse com o professor e os colegas a respeito do que cada um entendeu após ler o texto. Depois, registre suas conclusões.

_____
_____
_____
_____

b) Contorne os números que aparecem na notícia e, depois, escreva o que eles indicam.

_____
_____

c) Você percebeu que no endereço do *site* em que a notícia foi divulgada o número 400 000 está indicado assim: 400 mil? Por que ele aparece escrito dessa forma?

_____

_____

_____

2. A professora de Joaquim ditou o número 8 560 000 e pediu aos alunos que o escrevessem de forma abreviada. Veja as escritas que ela observou:

| 8,56 mil | 8,56 milhões | 8,56 bilhões |

a) Qual é a escrita correta? Pinte a opção que indica sua resposta.
b) O que você fez para saber qual é a escrita correta?

_____

_____

3. As colunas a seguir apresentam números escritos de duas maneiras. Ligue as escritas que correspondem ao mesmo número.

43 000		430 mil
4 300 000		4,3 bilhões
430 000		43 mil
4 300 000 000		4,3 milhões

69

4. Reúna-se com alguns colegas e, juntos, procurem em jornais e revistas uma notícia em que apareçam números maiores que cem mil. Recortem e colem esses números no painel que será preparado pelo professor.

- Agora escolha três números do painel, copie-os no espaço abaixo e escreva como se lê cada um deles.

_____

_____

_____

5. Vamos explorar o quadro de números.

a) Complete o quadro abaixo com os números que estão faltando e os decomponha de duas formas diferentes. Depois, escreva como se lê cada um desses números.

101 000	102 000	103 000	104 000	105 000	106 000	107 000	108 000	109 000	110 000
111 000	112 000	113 000	**A**	115 000	116 000	117 000	118 000	119 000	120 000
121 000	**B**	123 000	124 000	125 000	126 000	127 000	128 000	129 000	130 000
131 000	132 000	133 000	134 000	**C**	136 000	137 000	138 000	139 000	140 000
141 000	142 000	143 000	144 000	145 000	146 000	147 000	148 000	149 000	150 000
151 000	152 000	153 000	154 000	155 000	156 000	157 000	158 000	159 000	160 000
161 000	162 000	**D**	164 000	165 000	166 000	**E**	168 000	169 000	170 000
171 000	172 000	173 000	174 000	175 000	**F**	177 000	178 000	179 000	180 000
G	182 000	183 000	184 000	185 000	186 000	187 000	188 000	189 000	190 000
191 000	192 000	193 000	194 000	195 000	196 000	197 000	**H**	199 000	200 000

Espaço para decompor os números:

Espaço para escrever os números por extenso:

_____

_____

_____

b) Escolha duas linhas do quadro do item **a** e pinte-as de amarelo. Depois, escolha duas colunas e pinte-as de azul. Como os números aumentam nas linhas? E nas colunas?

_____

_____

6. Na calculadora, digite:

160000 + 4000 + 50 + 9

   a) Que número apareceu no visor?

   b) Como se lê esse número?

   _____

7. Na calculadora, digite o número 9. Depois, usando apenas as teclas 0, 1, 9 e +, faça aparecer no visor o número 199009. Qual foi a sequência de teclas que você apertou?

_____

71

8. Junte-se a um colega para resolver os problemas a seguir.

a) Observem e completem:

- se 25 + 30 = 55, então 30 = 55 − ____;

- se 139 + 15 = 154 e 154 = 160 − 6, então 139 + 15 = ____ − ____;

- se 29 + 13 = 42, então 29 + 13 − 5 = 42 − ____.

b) Milena gastou R$ 17,00 na compra de um caderno e ficou com R$ 18,00. Quanto ela tinha de dinheiro antes de realizar a compra?

_____

c) Pensei em um número, multipliquei esse número por 3 e, em seguida, adicionei 18 ao produto. O total da soma foi 48. Em que número eu pensei?

_____

d) Humberto e Ronaldo compraram uma caixa de caju por R$ 6,00. Humberto contribuiu com R$ 4,00 e Ronaldo com R$ 2,00. Na caixa há 12 cajus. Quantos serão de Humberto e quantos serão de Ronaldo? Sabendo que Humberto ficará com mais cajus que Ronaldo, expliquem como vocês pensaram.

_____

Frações: equivalência

1. Veja esta imagem.

- O que você acha? Benício ganhou mais lanche que o irmão dele? Troque ideias com o professor e os colegas.

A seguir vamos fazer algumas atividades sobre frações equivalentes. A última delas retomará o problema do sanduíche para que você confirme se a resposta que você deu está correta.

2. Um retângulo foi dividido, a cada vez, em um número diferente de partes: 2, 4, 8 e 16 partes.

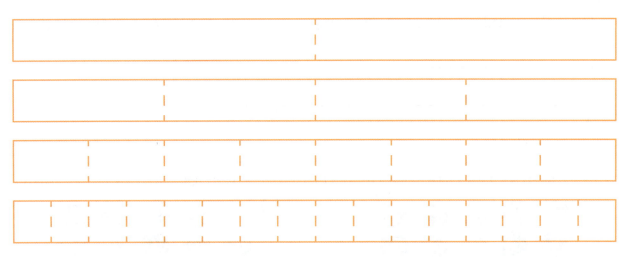

a) Escreva em cada parte quanto ela representa do retângulo todo.

b) Depois de observar cada uma dessas partes, complete:

$$\frac{1}{2} = \underline{} = \underline{} = \underline{}$$

Essas frações representam a mesma quantidade. São **frações equivalentes**.

73

3. Agora veja um retângulo dividido em 3, 6, 9 e 12 partes iguais.

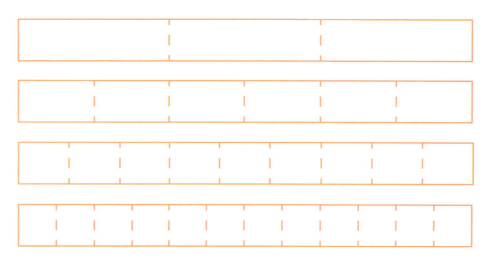

a) Escreva em cada parte quanto ela representa do retângulo todo.

b) Depois de observar cada uma dessas partes, complete:

$$\frac{1}{3} = \frac{}{} = \frac{}{} = \frac{}{}$$

Essas frações representam a mesma quantidade do mesmo inteiro. São **frações equivalentes**.

4. Indique outra fração equivalente a $\frac{1}{2}$ e uma equivalente a $\frac{1}{3}$. Depois explique como você pensou para fazer essa atividade.

_____

_____

_____

5. À que fração correspondem os botões verdes de cada conjunto?

a)

b)

_____   _____

_____   _____

74

- Escreva uma fração equivalente às das respostas dos itens **a** e **b**.

  _____

6. Indique na reta numérica, com lápis amarelo:

a) as frações $\dfrac{1}{2}$ e $\dfrac{1}{4}$;

b) as frações $\dfrac{2}{4}$ e $\dfrac{2}{8}$.

- O que você observa a respeito da localização dos números que foram marcados nas duas retas numéricas?

  _____

  _____

7. Na reta numérica abaixo está representada a distância da casa de Miguel até a escola. No caminho para a escola, ele passa por uma padaria e uma farmácia. Veja.

a) Indique, usando frações, a localização da padaria e da farmácia, considerando a distância entre a casa de Miguel e a escola e que o ponto de partida seja a casa. _____.

b) Quantos metros Miguel anda da casa dele até a padaria? E até a farmácia? _____

75

8. Explique por que se pode dizer que os pares de frações abaixo são equivalentes.

a) $\dfrac{1}{5}$ e $\dfrac{4}{20}$	c) $\dfrac{1}{6}$ e $\dfrac{6}{36}$	e) $\dfrac{4}{24}$ e $\dfrac{1}{6}$
b) $\dfrac{3}{9}$ e $\dfrac{9}{27}$	d) $\dfrac{1}{2}$ e $\dfrac{50}{100}$	f) $\dfrac{2}{8}$ e $\dfrac{4}{16}$

9. Escreva três frações no espaço a seguir. Depois troque de livro com um colega para que cada um encontre uma fração equivalente a cada uma das frações elaboradas pelo outro.

10. Veja esse conjunto de lápis e canetas:

a) Organize os lápis em grupos com 4 unidades cada. Faça o mesmo com as canetas.

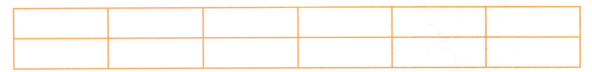

• Nessa organização, os lápis representam $\frac{4}{6}$ do inteiro e as canetas, $\frac{2}{6}$ desse mesmo inteiro.

b) Organize os lápis em grupos com 2 unidades cada. Depois agrupe as canetas da mesma forma.

• Nessa organização, os lápis representam ―― do inteiro e as canetas, ―― desse mesmo inteiro.

c) Organize os lápis e as canetas, separadamente, em grupos com 8 unidades cada.

• Nessa possibilidade, os lápis representam ―― do inteiro e as canetas, ―― desse mesmo inteiro.

d) Olhando os agrupamentos dos itens **a**, **b** e **c** percebemos que as frações $\frac{1}{3}$, ―― e ―― são equivalentes. Também é possível dizer que as frações $\frac{2}{3}$, ―― e ―― são equivalentes.

11. Volte ao problema dos sanduíches de Benício e do irmão dele e elabore uma explicação usando a ideia de equivalência.

_____

_____

_____

🔶 Probabilidade e estatística

Chances e possibilidades

1. Veja as imagens abaixo e ligue cada uma delas ao termo que você considera mais adequado.

provável

improvável

2. Você lembra alguma situação do seu dia a dia que seja:
   a) provável acontecer?
   b) improvável acontecer?

78

> Quando um evento tem possibilidade de acontecer, ele é chamado de **provável**.
>
> Quando um evento tem pouca possibilidade de acontecer, ele é chamado de **improvável**.

3. Pâmela e Josias montaram um diagrama para brincar de **acerte o alvo**. Veja como ele ficou.

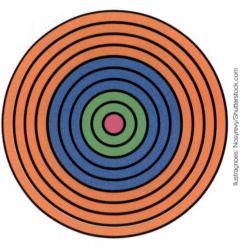

- Observe o alvo e assinale as alternativas verdadeiras.

☐ As crianças têm maior chance de acertar a cor laranja do que a cor verde.

☐ A chance de as crianças acertarem as cores azul e verde é a mesma.

☐ As crianças têm menor chance de acertar a cor rosa.

☐ A chance de as crianças acertarem a cor rosa e a cor laranja é a mesma.

4. Agora é com você! Pinte o alvo a seguir e, com um colega, crie uma afirmação verdadeira e uma falsa para outra dupla de colegas descobrir qual é cada uma delas.

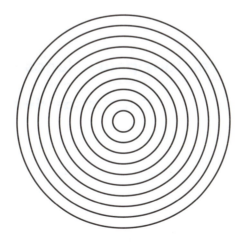

_____

_____

79

Tabelas

1. Junte-se a um colega para pesquisarem imagens de tabelas em jornais e revistas. Depois, ajudem o professor a construir um painel com o que vocês e as outras duplas encontraram.

   • Com o professor e os colegas, analise as tabelas coletadas e elabore uma lista com as informações que em geral há em uma tabela.

   _____
   _____
   _____
   _____
   _____
   _____

   > Diariamente vemos tabelas em espaços públicos ou privados, em veículos de comunicação, como os jornais e revistas pesquisados por você, e as utilizamos na organização de dados pessoais e tarefas, entre muitas outras situações.

2. Leia com atenção as tabelas a seguir.

   Tabela 1

Esportes escolhidos pelos alunos do 5º ano	
Esporte	**Quantidade de alunos**
basquete	22
futebol	35
judô	17
natação	20

   Fonte: Dados obtidos com base na preferência dos alunos do 5º ano.

80

Tabela 2

Fonte: Dados obtidos com base em informações nutricionais.

Tabela 3

Empresa de ônibus Viaje Bem

Destino	Tarifa	Valor	Horário de saída
Vigia	R$ 0,57	R$ 13,05	6h00/7h00/8h00/9h00/10h00/11h00/12h00/13h00/14h00/15h00/16h00/17h00/18h00/19h00
Colares	R$ 1,33	R$ 13,98	6h45/9h30/15h45
São Caetano	R$ 1,33	R$ 11,57	6h45/9h30/15h45
Santo Antônio (urbano)	R$ 1,33	R$ 15,98	8h30/11h30/15h45/18h30
Santo Antônio	R$ 0,57	R$ 5,60	6h30/6h45/7h15/8h15/9h45/10h15/10h45/11h30/12h45/13h45/14h45/15h45/16h45/17h45/18h30/19h15
Porto Sal	R$ 0,57	R$ 8,10	7h45/9h45/11h45/13h45/17h45/18h30 (domingos e feriados)

Fonte: Informações obtidas na empresa Viaje Bem.

Tabela 4

Fonte: Dados obtidos com base nas atividades infantis oferecidas pela Academia Pequenos Atletas.

• Agora sente-se com um colega e completem a tabela abaixo com as informações solicitadas.

Tabela	Qual é o tema da tabela?
1	
2	
3	
4	

3. Escolha uma das tabelas e elabore uma pergunta que possa ser respondida por meio da interpretação dos dados. Junte-se a um colega para que um responda à pergunta formulada pelo outro.

4. Dona Rafaela é bibliotecária em uma escola. No final de cada semestre, ela faz um levantamento dos livros que estão emprestados para cada uma das turmas, pois precisa cobrar a devolução de todos eles antes do início das férias. Veja:

Livros emprestados da biblioteca da escola

Turma	Total de livros emprestados	Total de livros devolvidos	Quantidade de livros que precisam ser devolvidos
1º ano	118	90	
2º ano	126	101	
3º ano	142	120	
4º ano	130	115	
5º ano	118	100	
Total			

Fonte: Dados obtidos com base no fluxo de livros emprestados da biblioteca da escola.

a) Complete a tabela e responda:
- Quantos livros ainda não foram devolvidos? _____
- Qual foi a quantidade de livros emprestados? _____

b) Depois de uma semana, muitos alunos devolveram os livros que pegaram emprestado: metade dos alunos do 1º e do 3º ano, 15 alunos do 2º ano, um terço dos alunos do 4º ano e um terço dos alunos do 5º ano.
- Complete a tabela a seguir com os dados atualizados após a devolução feita pelos alunos.

Turma	Total de livros emprestados	Total de livros devolvidos	Quantidade de livros que precisam ser devolvidos
1º ano	118		
2º ano	126		
3º ano	142		
4º ano	130		
5º ano	118		
Total			

5. Observe a tabela a seguir:

Quadro de medalhas nas Olimpíadas de 2016

	País	Ouro	Prata	Bronze	Total
1º	Estados Unidos	46	37	38	121
2º	Grã-Bretanha	27	23	17	67
3º	China	26	18	26	70
4º	Federação da Rússia	19	18	19	56
5º	Alemanha	17	10	15	42
6º	Japão	12	8	21	41
7º	França	10	18	14	42
8º	Coreia do Sul	9	3	9	21
9º	Itália	8	12	8	28
10º	Austrália	8	11	10	29
11º	Países Baixos	8	7	4	19
12º	Hungria	8	3	4	15
13º	Brasil	7	6	6	19

Fonte: *IG*. Disponível em: <http://esporte.ig.com.br/olimpiadas/medalhas/>. Acesso em: set. 2017.

a) Qual foi a pesquisa realizada para se construir essa tabela?

_____

_____

_____

b) Qual foi a fonte de pesquisa utilizada?

_____

c) Quais são as informações numéricas descritas na tabela?

_____

_____

_____

Cálculo mental

1. Em um jogo, Maria Cristina, de 10 anos, que mora em Santa Rita do Passa Quatro, perdeu 180 pontos e ainda ficou com 1120 pontos. Com quantos pontos Maria Cristina começou o jogo?

   ☐ 1200   ☐ 1220   ☐ 1300   ☐ 1380

2. Pinte o resultado que você considera que mais se aproxima do resultado de cada operação.

a) 810 ÷ 9	9	90	900
b) 600 × 3	180	108	1800
c) 350 ÷ 5	70	7	35
d) 1500 ÷ 10	150	15	105

3. Jaqueline faz espetos de frutas para festas. Veja quantos espetos ela fez de cada tipo.

150

120

190

100

- A quantidade de espetos feitos por Jaqueline é:

  ☐ maior que 400 e menor que 500.

  ☐ maior que 500 e menor que 600.

  ☐ maior que 600.

85

Coleção de problemas

1. Leia o problema a seguir e faça o que se pede.

   Magali fez 3174 pontos em um jogo durante uma rodada. Na rodada seguinte, conseguiu mais 1035 pontos. Na terceira rodada, ela fez 48 pontos a menos que na primeira rodada. Quantos pontos Magali tinha ao final de três rodadas?

   a) Qual é o assunto do problema?

   _____

   b) Qual é a pergunta do problema? Pinte-a de amarelo.

   c) Agora resolva o problema.

2. Invente um problema que possa ser resolvido com as operações a seguir.

   180 + 50   230 − 100

   _____
   _____
   _____
   _____
   _____
   _____

   • Quando terminar, peça a um colega que resolva o problema que você elaborou.

3. Em um avião há 248 passageiros e 8 tripulantes. Qual é a idade do piloto?

_____

4. Dona Clélia e seu marido têm uma barraca de frutas na feira. No último fim de semana, eles levaram 120 dúzias de laranjas para vender. Quando a feira terminou, distribuíram igualmente as 48 laranjas que sobraram entre seus quatro funcionários. Quantas laranjas cada funcionário recebeu? Quantas laranjas foram vendidas?

_____

5. João está reformando a casa dele e deseja fazer algumas mudanças nas janelas. Ele tem como opções:
- colocar uma, duas ou três janelas;
- escolher entre o formato quadrado e o retangular;
- pintar as janelas de azul, bege ou branco.

De quantas maneiras João poderá combinar essas opções?

_____

6. Em uma escola, dois terços dos alunos são meninos e as meninas são 120. Quantos são os meninos e qual o total de alunos dessa escola?

1. Complete o quadro com os números que estão faltando. Depois, escreva como se lê e decomponha cada um desses números.

	114 000	115 000	116 000	
	124 000	125 000	126 000	127 000
	134 000	135 000	136 000	
	144 000	145 000	146 000	
153 000	154 000	155 000	156 000	
	164 000	165 000		

88

2. Em cada linha, pinte apenas as frações equivalentes à fração da primeira coluna:

$\frac{1}{2}$	$\frac{2}{4}$	$\frac{5}{10}$	$\frac{1}{4}$	$\frac{3}{6}$	$\frac{4}{8}$	$\frac{2}{3}$
$\frac{1}{3}$	$\frac{2}{6}$	$\frac{1}{6}$	$\frac{3}{9}$	$\frac{4}{12}$	$\frac{1}{10}$	$\frac{1}{2}$
$\frac{1}{4}$	$\frac{1}{5}$	$\frac{2}{8}$	$\frac{4}{16}$	$\frac{2}{4}$	$\frac{3}{12}$	$\frac{5}{20}$
$\frac{1}{5}$	$\frac{2}{5}$	$\frac{2}{10}$	$\frac{4}{20}$	$\frac{1}{3}$	$\frac{5}{25}$	$\frac{20}{100}$

3. O professor de Educação Física da escola de Giovana fez uma pesquisa a respeito dos esportes preferidos dos alunos do 4º e do 5º ano. Quando terminou a pesquisa, elaborou a seguinte tabela:

Esporte	Número de alunos
corrida	48
basquete	34
futebol	79
pingue-pongue	56
vôlei	70

a) Quantos alunos escolheram basquete e pingue-pongue, nessa ordem?

☐ 56 e 34   ☐ 34 e 70   ☐ 48 e 56   ☐ 34 e 56

b) Quantos alunos participaram da pesquisa?

☐ 290   ☐ 287   ☐ 260   ☐ 285

c) Qual dos títulos abaixo seria o mais adequado para a tabela?

☐ Filmes que os alunos querem assistir.

☐ Frutas preferidas dos alunos.

☐ Futebol e vôlei estão em alta.

Periscópio

📖 Para ler

O livro dos desafios, de Charles Barry Towsend. São Paulo: Ediouro, 2004.
Nesse livro, testes, enigmas e charadas ajudam a exercitar a capacidade de pensar e de resolver problemas.

Alice no País dos Números, de Carlo Frabetti. São Paulo: Ática, 2009.
Alice detesta Matemática, mas, ao visitar o País dos Números, descobre como Matemática pode ser interessante e que usar melhor o raciocínio é muito útil para tudo no dia a dia.

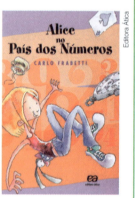

UNIDADE 4

Fracionando

Você já observou como estamos rodeados de figuras planas e não planas? Veja esta pintura do artista Alfredo Volpi.

Grande fachada festiva, de Alfredo Volpi, 1950. Têmpera sobre tela, 199 × 159 cm.

1. Que detalhes do quadro contêm figuras cujos formatos são parecidos com os formatos de figuras planas?

_____

_____

2. Junto com um colega, pesquise elementos do cotidiano que lembram figuras geométricas planas. Depois, cada um escolhe um deles e faz um desenho para representá-lo no espaço abaixo.

91

Geometria: polígonos

1. Veja as figuras planas representadas abaixo.

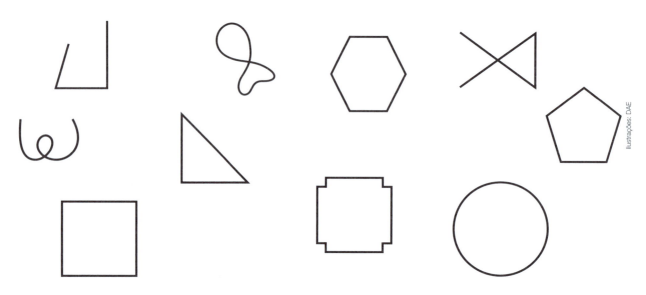

a) Elas são todas iguais? _____

b) Faça:
- um **X** em amarelo nas figuras em que os lados ou as linhas não se cruzam;
- um contorno **azul** em volta das figuras que têm todos os lados retos;
- uma linha **verde** abaixo das figuras que são fechadas.

c) Copie abaixo as figuras que receberam as três marcas.

As figuras que receberam as três marcas coloridas são **figuras planas fechadas**, com **todos os lados retos** e que **não se cruzam**.

Uma figura plana que apresenta essas três características é um **polígono**.

Poli é um termo de origem grega e significa **muitos** ou **muitas**; e *gono* (ou gônio) quer dizer **ângulo**. Então, **polígono** quer dizer **muitos ângulos**.

De modo geral, para dar nome aos polígonos, contamos seus ângulos. Por exemplo: um **pentágono** tem 5 ângulos; um **hexágono** tem 6 ângulos; um **heptágono** tem 7 ângulos e assim sucessivamente. *Penta*, *hexa* e *hepta* são prefixos gregos que significam 5, 6 e 7, respectivamente.

A única exceção é o polígono de 4 lados, chamado de **quadrângulo**. Com o passar do tempo, a denominação de acordo com o número de lados tornou-se mais usual e, por isso, é usada a palavra **quadrilátero** para se referir às figuras geométricas planas com 4 lados.

2. Escolha quatro polígonos da atividade 1 e, usando régua, trace figuras com a mesma quantidade de lados que eles.

3. Converse com o professor e os colegas sobre o que você levou em consideração para traçar cada polígono.

4. Observe a sequência de uma dobradura:

   a) Ajude o professor a criar um texto descrevendo cada um dos passos da dobradura. Lembre-se de indicar o formato dos polígonos que você identificou em cada etapa da dobradura.

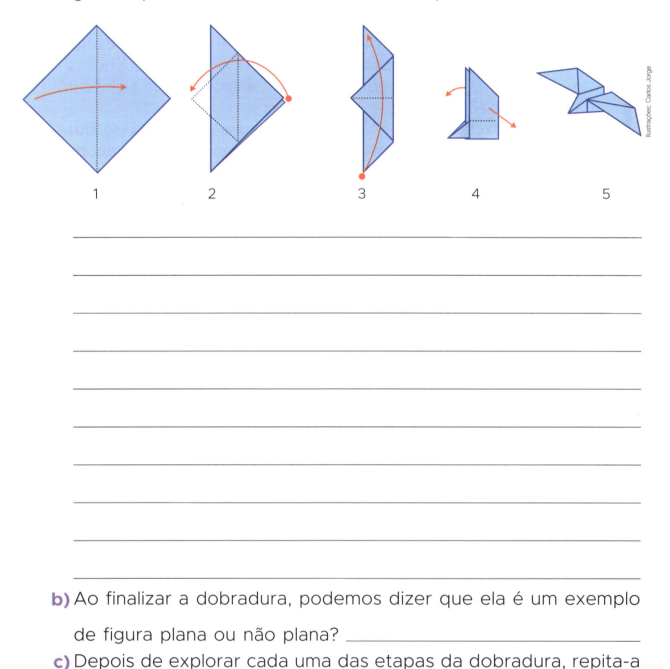

_____
_____
_____
_____
_____
_____
_____
_____
_____
_____

   b) Ao finalizar a dobradura, podemos dizer que ela é um exemplo de figura plana ou não plana? _____

   c) Depois de explorar cada uma das etapas da dobradura, repita-a com um colega. Quando terminarem, brinquem de lançá-la para ver o que acontece e deem um nome a ela. Mas atenção: façam isso no pátio e tomem cuidado para não machucar alguém.

5. Observe o quadrado e as definições:

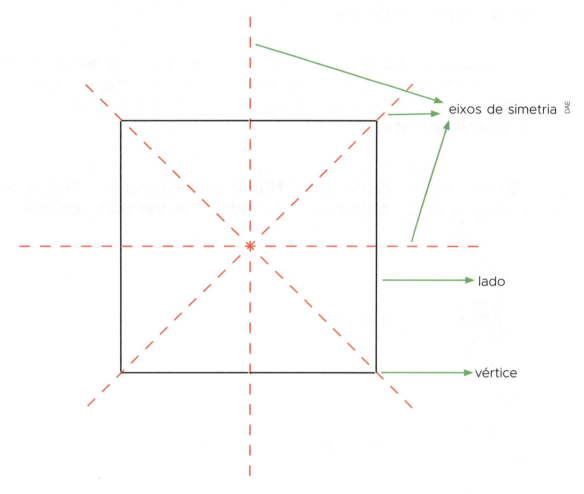

_____ é todo ponto onde se unem os segmentos que formam um ângulo.

_____ são as linhas que se encontram de duas a duas em cada vértice.

_____ é a linha que divide uma figura em duas partes iguais e sobrepostas, ou seja, simétricas.

• Agora complete.

O quadrado é um polígono com ___ lados, ___ vértices e ___ eixos de simetria.

Pense e discuta com os colegas e o professor: todo quadrilátero possui 4 lados, 4 vértices e 4 eixos de simetria? Dê exemplos.

_____

_____

95

6. Complete o quadro com o nome de cada polígono e com algumas de suas propriedades.

A palavra propriedade pode ser relacionada a alguns significados, como: prédio, casa, fazenda, domínio, característica, entre outros. Para as atividades, consideraremos a palavra **propriedade** como **característica**.

Desenho do polígono	Nome do polígono	Número de lados	Número de vértices	Número de eixos de simetria
	Losango			
	Triângulo			
	Retângulo			
	Pentágono			

7. Imagine que você e um colega estão fazendo um trabalho. O seu colega esqueceu o que é polígono e vocês estão sem o livro e o caderno de Matemática. Como você explicaria o que é polígono? Utilize textos e/ou desenhos em sua explicação.

_____

_____

Giramundo

Como se forma uma colmeia?

ALVÉOLO

Você sabia que uma colmeia pode chegar a ter até **60 mil** abelhas? Quando essa quantidade é atingida, metade delas parte em busca de outro local para construir uma nova colmeia. Então, começam por lá a **produção dos favos**, que são formados por **alvéolos** e servem de depósito para os ovos da abelha-rainha.

Fonte: *Mundo Estranho*. Disponível em: <http://mundoestranho.abril.com.br/mundo-animal/como-se-forma-uma-colmeia/>. Acesso em: jun. 2017.

1. Depois de ler o texto e observar a fotografia, responda:

a) O formato dos alvéolos lembra qual figura geométrica plana?

_____

b) Em sua opinião, por que as abelhas constroem os alvéolos nesse formato?

_____

Comparando frações

1. Junto com um colega, retomem o nome de cada figura a seguir.

    se chama _____.

    se chama _____.

    se chama _____.

    se chama _____.

2. Considere o hexágono regular ao lado como o inteiro.

    a) O triângulo rosa é _____ do hexágono.

    b) O losango azul é _____ do hexágono.

    c) O trapézio verde é _____ do hexágono.

3. Junto com um colega criem um mosaico usando as quatro figuras da atividade 1.

4. Contorne com a mesma cor as frações que são equivalentes. Em seguida, explique por que elas são equivalentes.

$$\frac{1}{4} \quad \frac{3}{5} \quad \frac{4}{16} \quad \frac{3}{4} \quad \frac{10}{20} \quad \frac{6}{8} \quad \frac{1}{2} \quad \frac{12}{16} \quad \frac{5}{10} \quad \frac{9}{15}$$

_____

_____

5. Veja este retângulo representando o inteiro e suas partes:

1 inteiro																
$\frac{1}{2}$								$\frac{1}{2}$							
$\frac{1}{4}$				$\frac{1}{4}$				$\frac{1}{4}$				$\frac{1}{4}$			
$\frac{1}{8}$		$\frac{1}{8}$		$\frac{1}{8}$		$\frac{1}{8}$		$\frac{1}{8}$		$\frac{1}{8}$		$\frac{1}{8}$		$\frac{1}{8}$	
$\frac{1}{16}$	$\frac{1}{16}$	$\frac{1}{16}$	$\frac{1}{16}$	$\frac{1}{16}$	$\frac{1}{16}$	$\frac{1}{16}$	$\frac{1}{16}$	$\frac{1}{16}$	$\frac{1}{16}$	$\frac{1}{16}$	$\frac{1}{16}$	$\frac{1}{16}$	$\frac{1}{16}$	$\frac{1}{16}$	$\frac{1}{16}$

• Agora, complete as lacunas.

a) A fração $\frac{1}{2}$ é equivalente a 2 × _____, ou seja, $\frac{1}{2}$ = _____.

b) A fração $\frac{1}{4}$ é equivalente a 2 × _____, ou seja, $\frac{1}{4}$ = _____.

c) A fração $\frac{1}{8}$ é equivalente a 2 × _____, ou seja, $\frac{1}{8}$ = _____.

6. Organize as frações abaixo em ordem crescente.

$$\frac{1}{16}, \frac{1}{4}, \frac{1}{8}, \frac{1}{2}, \frac{1}{1}$$

Veja esta outra comparação das frações de um inteiro.

1 Inteiro												
$\frac{1}{3}$				$\frac{1}{3}$				$\frac{1}{3}$			
$\frac{1}{6}$		$\frac{1}{6}$		$\frac{1}{6}$		$\frac{1}{6}$		$\frac{1}{6}$		$\frac{1}{6}$	
$\frac{1}{9}$	$\frac{1}{9}$	$\frac{1}{9}$	$\frac{1}{9}$	$\frac{1}{9}$	$\frac{1}{9}$	$\frac{1}{9}$	$\frac{1}{9}$	$\frac{1}{9}$		
$\frac{1}{12}$	$\frac{1}{12}$	$\frac{1}{12}$	$\frac{1}{12}$	$\frac{1}{12}$	$\frac{1}{12}$	$\frac{1}{12}$	$\frac{1}{12}$	$\frac{1}{12}$	$\frac{1}{12}$	$\frac{1}{12}$	$\frac{1}{12}$

7. Complete as lacunas.

a) A fração $\frac{1}{3}$ é equivalente a 2 × ____, ou seja, $\frac{1}{3}$ = ____.

b) A fração $\frac{1}{3}$ é equivalente a 3 × ____ , ou seja, $\frac{1}{3}$ = ____.

c) A fração $\frac{1}{6}$ é equivalente a 2 × ____, ou seja, $\frac{1}{6}$ = ____.

d) A fração ____ é equivalente a 1 × ____, ou seja, $\frac{2}{6}$ = ____.

e) A fração $\frac{6}{12}$ é equivalente a 8 × ____, ou seja, ____ = ____.

Memória das frações equivalentes

Participantes:

Quatro jogadores.

Material:

- 10 pares de cartas desse jogo recortadas da página 245, do **Material complementar**;
- painel de fração equivalente para consulta.

1 inteiro																
$\frac{1}{2}$									$\frac{1}{2}$						
$\frac{1}{3}$					$\frac{1}{3}$					$\frac{1}{3}$					
$\frac{1}{4}$				$\frac{1}{4}$				$\frac{1}{4}$				$\frac{1}{4}$			
$\frac{1}{5}$			$\frac{1}{5}$			$\frac{1}{5}$			$\frac{1}{5}$			$\frac{1}{5}$		
$\frac{1}{6}$		$\frac{1}{6}$		$\frac{1}{6}$		$\frac{1}{6}$		$\frac{1}{6}$		$\frac{1}{6}$				
$\frac{1}{7}$	$\frac{1}{7}$	$\frac{1}{7}$	$\frac{1}{7}$	$\frac{1}{7}$	$\frac{1}{7}$	$\frac{1}{7}$								
$\frac{1}{8}$	$\frac{1}{8}$	$\frac{1}{8}$	$\frac{1}{8}$	$\frac{1}{8}$	$\frac{1}{8}$	$\frac{1}{8}$	$\frac{1}{8}$							
$\frac{1}{9}$	$\frac{1}{9}$	$\frac{1}{9}$	$\frac{1}{9}$	$\frac{1}{9}$	$\frac{1}{9}$	$\frac{1}{9}$	$\frac{1}{9}$	$\frac{1}{9}$						
$\frac{1}{10}$	$\frac{1}{10}$	$\frac{1}{10}$	$\frac{1}{10}$	$\frac{1}{10}$	$\frac{1}{10}$	$\frac{1}{10}$	$\frac{1}{10}$	$\frac{1}{10}$	$\frac{1}{10}$					
$\frac{1}{16}$	$\frac{1}{16}$	$\frac{1}{16}$	$\frac{1}{16}$	$\frac{1}{16}$	$\frac{1}{16}$	$\frac{1}{16}$	$\frac{1}{16}$	$\frac{1}{16}$	$\frac{1}{16}$	$\frac{1}{16}$	$\frac{1}{16}$	$\frac{1}{16}$	$\frac{1}{16}$	$\frac{1}{16}$	$\frac{1}{16}$

Com três colegas, leiam as regras do jogo **memória das frações equivalentes**. Antes de jogar, conversem sobre algumas possíveis estratégias para identificar se duas ou mais frações são equivalentes.

Regras

1. Organize as cartas como em um jogo da memória.
2. Cada jogador, na sua vez, vira duas cartas tentando formar um par.
3. O par será formado se as frações das duas cartas viradas forem equivalentes.
4. Ganha quem formar mais pares.
   Sugestão: Jogue com os colegas de turma e também com outras pessoas.

Agora, pense sobre o jogo.

1. José e Crislaine estavam jogando **memória das frações equivalentes**. José virou a carta: $\frac{5}{10}$ Quais cartas ele pode virar para fazer um par? Se necessário, observe o painel de frações equivalentes.

   _____

2. Crislaine virou as seguintes cartas: $\frac{1}{3}$ $\frac{3}{9}$

   • Ela formou um par? _____

3. José virou as seguintes cartas e disse que formou um par: $\frac{2}{6}$ $\frac{6}{6}$
   • José acertou? Por quê?

   _____
   _____
   _____
   _____
   _____

102

Resolvendo diferentes operações

1. Você lembra?

6 × 10 = _____	13 × 10 = _____	350 × 10 = _____
6 × 100 = _____	13 × 100 = _____	350 × 100 = _____
6 × 1000 = _____	13 × 1000 = _____	350 × 1000 = _____

a) Retome com um colega o que vocês se recordam a respeito do que acontece com um número quando ele é multiplicado por 10, 100 e 1000.

_____

b) Use o que vocês recordaram para calcular:

804 × 100 = _____	270 × 1000 = _____	555 × 100 = _____

2. A loja Bom Preço está em promoção. Três tiaras são vendidas por R$ 9,00. Janaína compra acessórios em promoção para revendê-los em sua loja. Ela precisa saber quanto custará cada quantidade de tiaras abaixo.

Quantidade de tiaras	3	6	9	12	15	18
Quanto será pago por Janaína	9 reais					

103

3. Veja duas resoluções para este problema: Bernadete tem uma fábrica de cerâmica e precisava organizar os pratos em pequenos pacotes para guardá-los nas caixas. Em cada pacote ela organiza 12 pratos. Quantos pacotes Bernadete fará com 288 pratos?

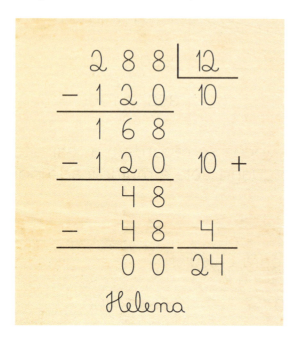

Olhando para as resoluções de Ana Vitória e Helena conseguimos saber que Bernadete fará 24 pacotes de 12 pratos.

• Quais são as semelhanças e as diferenças entre os dois procedimentos?

_____

_____

_____

_____

4. Resolva os próximos problemas usando o procedimento que achar melhor.

a) Precisamos distribuir 156 garrafas de suco em 26 caixas com a mesma quantidade de garrafas em cada uma. Quantas garrafas serão colocadas em cada caixa?

_____

_____

104

b) Quantos grupos de 24 pessoas podem ser formados com 312 pessoas?

_____

_____

_____

c) Os funcionários de uma fábrica organizam os cadernos produzidos em embalagens. O lote com 1548 cadernos foi guardado em 5 embalagens com a mesma quantidade em cada uma.

• Quantos cadernos ficaram em cada embalagem?

☐ 308   ☐ 315

☐ 309   ☐ 300

• Sobraram cadernos sem embalar? Quantos? O que é possível fazer com esses cadernos?

_____

_____

d) Qual é a medida do comprimento de cada pedaço de tecido, quando 136 metros de tecido são cortados em 16 partes iguais?

☐ 6,0 m   ☐ 6,5 m   ☐ 8,0 m   ☐ 8,5 m

5. O quociente da divisão de 204 por 4 é:

☐ 40   ☐ 5   ☐ 51   ☐ 50

6. Pegue uma calculadora, sente-se com um colega e faça aparecer no visor o número 168, sem teclar os algarismos do número diretamente, mas usando:

a) uma multiplicação;

_____

b) uma divisão.

_____

Chances ou possibilidades

Você já brincou de lançar dois dados e calcular a diferença de pontos?

1. Usando dois dados, sente com um colega e façam dez rodadas de lançamento dos dados. Em cada rodada, registre qual foi a diferença dos pontos que saíram para você.

   a) Houve alguma diferença obtida mais de uma vez para você?

   Qual foi? _____

   b) Você e o colega registraram alguma diferença em comum?

   _____

2. A partir da exploração da diferença de pontos no lançamento de dois dados, responda às perguntas a seguir.

   a) Qual é a menor diferença que pode ser obtida com dois dados? E a maior?

   _____

   b) Que quantidades de pontos precisam sair nos dados para que a diferença seja a maior? E para que seja a menor?

   _____

   _____

3. Complete o quadro com a quantidade de possibilidades de obter todas as diferenças com dois dados.

Diferença	O que sai nos dados	Quantidade de chances ou possibilidades
0	1 e 1; 2 e 2; 3 e 3; 4 e 4; 5 e 5; 6 e 6	
1		10
2		8
3	6 e 3; 5 e 2; 4 e 1; 3 e 6; 2 e 5; 1 e 4	
4		4
5	6 e 1; 1 e 6	

106

4. Olhando para o quadro da atividade anterior, responda:

a) Qual é a diferença que tem menor chance de ser obtida? E a que tem maior chance?

_____

b) Por que isso acontece?

_____

_____

> Em um evento com muitas possibilidades, cada **possibilidade** é uma **chance**.

c) No total, são ____ chances de diferenças nos dois dados.

d) Assim, podemos dizer que a chance de se obter a diferença:

- 0 com os dados é de ____ em 36;
- 2 com os dados é de ____ em 36;
- 4 com os dados é de ____ em 36.

> Você já aprendeu que quando um evento tem bastante possibilidade de acontecer é chamado de **provável**; e quando ele tem pouca possibilidade de acontecer é chamado de **improvável**.

5. Use as palavras **provável** e **improvável** para classificar cada um dos eventos descritos abaixo.

a) Vai chover amanhã.

_____

b) Hoje você conhecerá um artista famoso do cinema.

_____

c) Você verá um golfinho quando sair da escola.

_____

d) Você dormirá hoje à noite.

_____

107

Área e perímetro

1. Clara mora em um sítio com seus avós. Ela quer fazer uma horta e precisa decidir qual dos dois terrenos a seguir é o maior. Observe as imagens e veja se você pode ajudá-la.

a) Qual dos dois terrenos é o maior? Você consegue saber olhando apenas as imagens? Converse com o professor e os colegas a respeito.

b) Recorte da página 245, do **Material complementar**, as duas imagens de terreno quadriculado. Veja se agora fica mais fácil avaliar qual deles é o maior.

- Observe que em um deles todas as linhas já estão traçadas, mas no outro você terá que traçá-las. Vamos lá?
- Termine o desenho e compare as áreas dos dois terrenos. Em qual deles será construída uma horta maior?

A medida de uma superfície plana é denominada **área**.

Uma forma para encontrarmos a área de uma figura como esta é contar a quantidade de quadrados que há dentro dela.

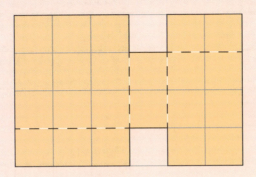

Cada quadrado da figura que está desenhada na malha tem área de 1 cm².

Assim, calculamos a área dessa figura como a soma das quantidades de quadrados que a compõem: 12 + 2 + 8.

A área dessa figura é de 22 cm².

c) E o perímetro dos terrenos da página anterior, será que são iguais ou diferentes? Você lembra como fazemos para calcular o perímetro?

O **perímetro** é uma grandeza de comprimento. Ele é medido com unidades de comprimento.

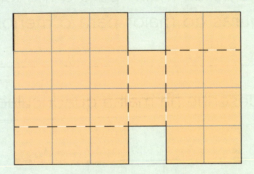

Cada lado dos quadrados da figura que está desenhada na malha quadriculada mede 1 cm.

Assim, calculamos o perímetro dessa figura contando as unidades de seu contorno: 4 + 3 + 1 + 1 + 1 + 2 + 4 + 2 + 1 + 1 + 1 + 3.

O perímetro dessa figura é de 24 cm.

2. Faça uma estimativa e depois calcule o perímetro e a área das figuras desenhadas no quadriculado. Cada quadradinho tem 1 cm de lado.

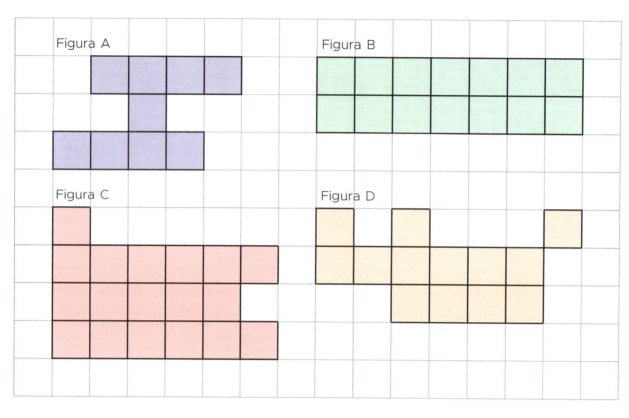

_____

_____

_____

a) Organize as figuras da maior para a menor área: _____

b) Organize as figuras do maior para o menor perímetro:

_____

3. Usando a régua, desenhe na malha quadriculada uma figura de área 20 cm².

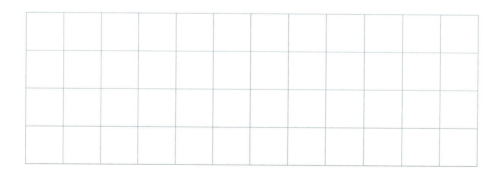

110

a) Explique a um colega como você fez para saber que a área da figura é de 20 cm².

b) Qual é o perímetro da sua figura? E qual é o perímetro da figura dele?

4. Qual dos parques precisa de mais cerca para ser contornado?

- Como você chegou à resposta?

_____

_____

111

5. Agora, veja outro problema de área e perímetro proposto a uma turma de 5º ano.

Gustavo tem uma escola de futebol para crianças. Ele está com muitos alunos e por isso construiu mais uma quadra de futebol *society*. Já está quase tudo pronto e agora ele precisa comprar os alambrados e a grama. Para a compra dos alambrados, Gustavo mediu todo o contorno da quadra.

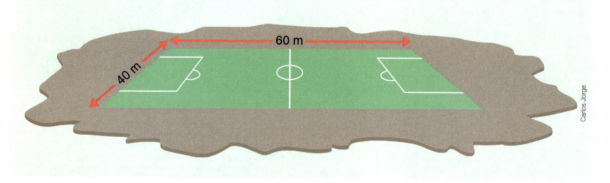

a) Quantos metros de alambrado, no mínimo, ele terá que comprar?

b) Em uma distribuidora Gustavo encontrou rolos de alambrados com 25 metros. Quantos rolos, no mínimo, ele deverá comprar?

c) Se cada rolo de alambrado custa R$ 679,00, quanto Gustavo gastará?

d) Invente uma pergunta para o problema da escola de futebol de Gustavo.

6. Agora vamos ajudar Gustavo a calcular quanto de grama ele deverá comprar. Converse com os colegas e o professor sobre como podemos calcular a quantidade de grama que será usada, sabendo que ela é vendida em placas que medem 10 m × 4 m. Considere a quadra de futebol a seguir:

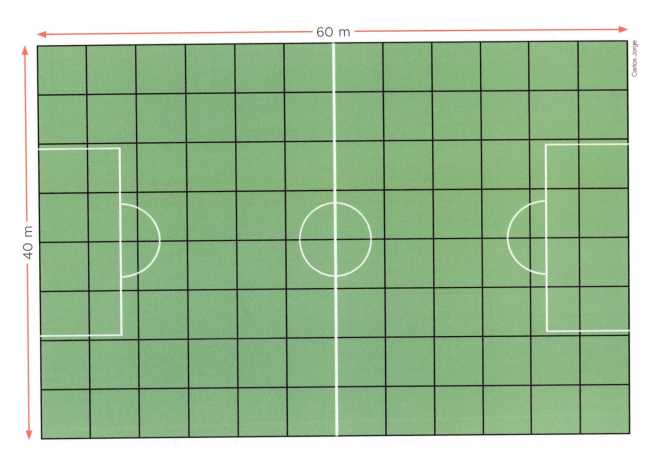

a) Quantas placas de grama com 40 m² cada, no mínimo, serão necessárias?

_____

b) Por que será necessário comprar 200 metros de alambrado e 60 placas de grama se todo o material será usado no mesmo campo?

_____

_____

113

7. Calcule o perímetro de cada uma das figuras.

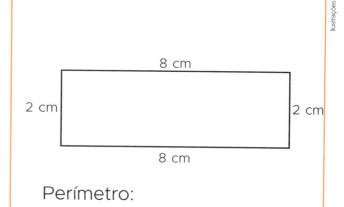

Perímetro: _____

Perímetro: _____

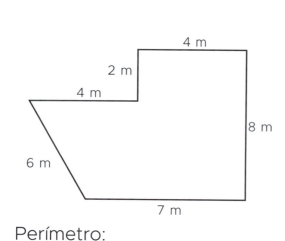

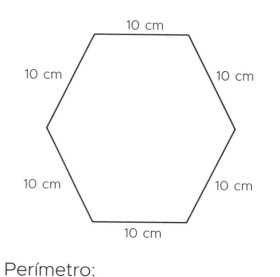

Perímetro: _____

Perímetro: _____

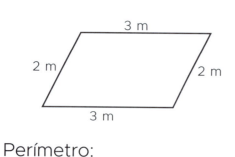

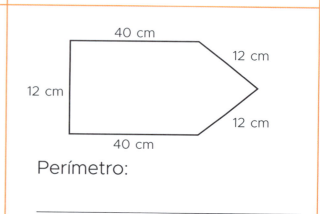

Perímetro: _____

Perímetro: _____

114

8. Calcule a área de cada uma das figuras considerando os quadradinhos como unidade de área, com medida de 1 cm² cada um.

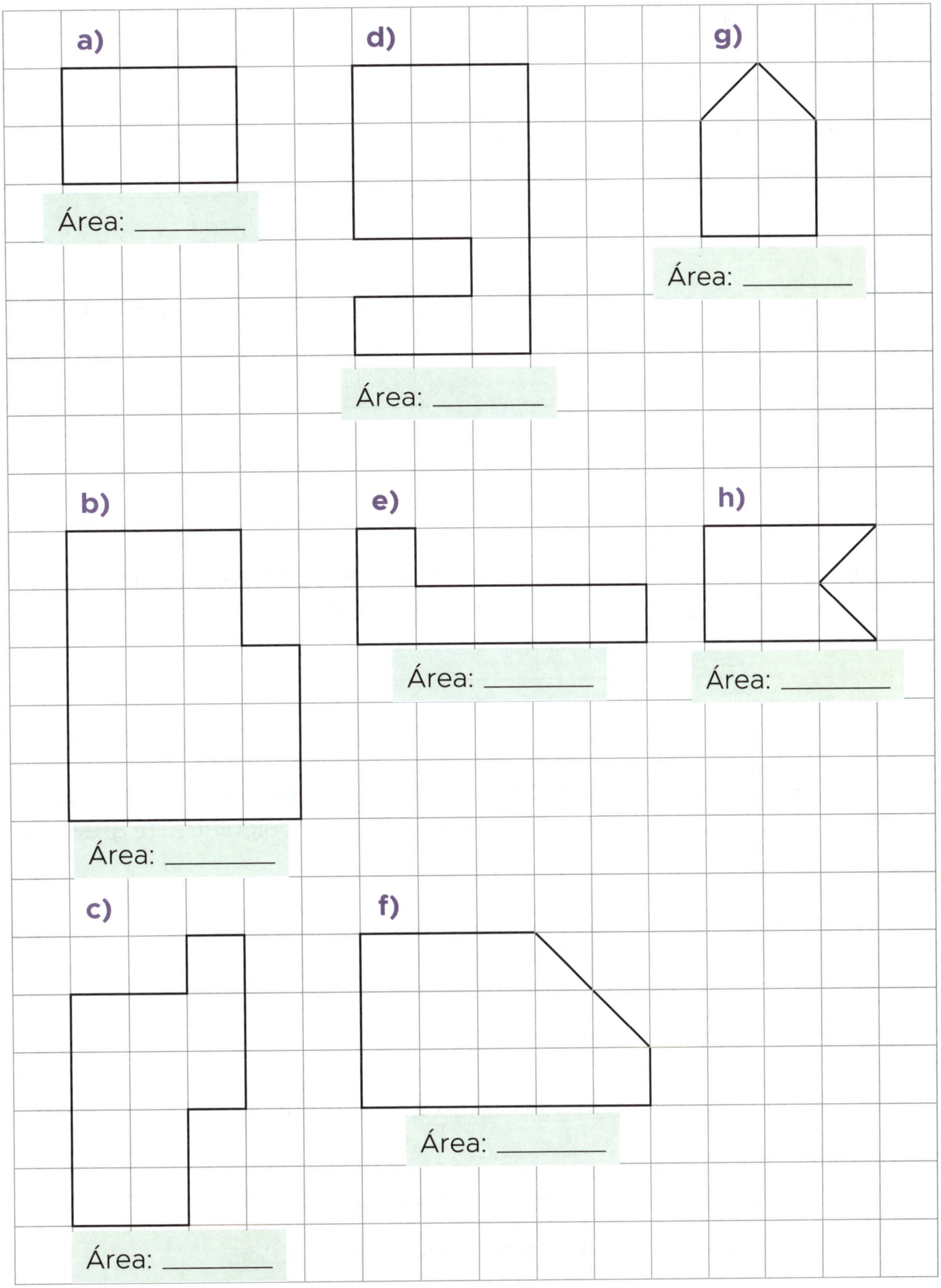

a) Área: _____

b) Área: _____

c) Área: _____

d) Área: _____

e) Área: _____

f) Área: _____

g) Área: _____

h) Área: _____

9. Calcule o perímetro das figuras A, B, C, D e E da atividade 8 considerando que cada lado dos quadradinhos tem 1 cm.

a) Perímetro de A: _____.

b) Perímetro de B: _____.

c) Perímetro de C: _____.

d) Perímetro de D: _____.

e) Perímetro de E: _____.

10. Observe a área e o perímetro das figuras A e E. O que você percebeu?

_____
_____
_____

11. Suponha que você tem os terrenos **A** e **E** da **atividade 8** para montar uma horta. Em qual deles você terá a maior plantação? Explique.

_____
_____

12. Para saber a quantidade de azulejos a serem comprados para a reforma dos banheiros de uma escola, foi calculada a área ou o perímetro desse espaço? Explique.

_____
_____

13. Complete o texto a seguir.

> A medida de comprimento do contorno de uma figura ou região é chamada de _____.
> A medida da superfície, segundo uma unidade de medida de superfície, de uma região é chamada de _____.

Coleção de problemas

1. O texto do problema abaixo está desorganizado. Numere-o para colocar a situação em ordem. Depois, use os números a seguir para completá-lo. Fique atento para colocar cada número no lugar correto, de modo que o problema possa ser resolvido.

   260   980   130   385   205

   Quantas calças sobraram no estoque? _____ calças.

   Elas entregaram _____ calças na loja Me Sentindo Lindo!

   Dona Célia e Dona Miranda são donas de uma confecção de calças. Neste bimestre, elas confeccionaram _____ calças.

   Elas entregaram _____ calças para a loja Vende Tudo!

   O dobro de calças entregues na loja Vende Tudo foi enviado à loja Aqui não Sobra Nada! _____ calças.

   a) Como você fez para decidir qual era a primeira linha do problema? E a última?

   _____

   b) Nas frases 1, 2 e 3 do problema, troque os números que você escreveu por 8 765, 2 000 e 1 700, nessa ordem. Quantas calças sobraram no estoque? _____

   c) Os colegas preencheram o problema seguindo a mesma ordem que você?

   _____

   d) Agora escolha outros números para as frases 1, 2 e 3 e, sem dizer a ordem correta em que devem ser colocados, peça a um colega para resolver o problema.

117

2. O dono de uma barraca de frutas organiza-as em caixas. Veja algumas frutas que ele organizou para fazer entregas.

kiwi 24 em cada caixa	carambola 12 em cada caixa	atemoia 9 em cada caixa	graviola 4 em cada caixa
720	**480**	**225**	**112**

a) Qual é o assunto desse problema?

b) Qual é a fruta que tem em maior quantidade para fazer entrega?

c) E qual é a que tem em menor quantidade?

d) Invente uma pergunta que possa ser respondida com base na tabela e depois troque de pergunta com um colega para que cada um resolva o problema criado pelo outro.

e) Agora, formule um problema que não possa ser respondido com os dados da tabela.

3. Uma revendedora de caixas de papelão e de caixas de presente comprou 300 caixas de papelão e 230 caixas de presente para vender. Ela pagou pela compra R$ 1.980,00. O preço de cada caixa de papelão é R$ 2,00. Qual é o preço de cada caixa de presente, sabendo que todas têm o mesmo preço?

4. Um trem com aproximadamente 10 vagões carrega em cada vagão 60 passageiros. Qual é a idade do maquinista?

5. Veja a *pizza* ao lado que está cortada em 8 fatias de igual tamanho. Se você comer um quarto da *pizza*, quantas fatias comerá? E se comer um oitavo da *pizza*? Comerá mais ou menos pedaços?

6. O pai de Cleide trabalha com a montagem de cercas para casas. Ele agora está trabalhando em um condomínio onde todas as casas e seus cercados têm a mesma medida. Com 20 m de arame, ele consegue fazer a cerca da frente de 4 casas. De quantos metros de arame ele precisará para fazer a cerca da frente de 12 casas?

7. Quem é o dono de cada cachorro?

> Eu tenho dois primos, Larissa e Renato.
> Cada um de nós tem um cachorro de estimação que se chamam Late, Dorme e Pula.
> Um dos cachorros é branco, o outro é preto e o terceiro é malhado.
> Pula não é branco e é o meu predileto.
> Larissa prefere o cachorro preto que não é o Dorme.
> O cachorro malhado não é o cachorro de Renato.
> Quem é o dono de cada cachorro e qual é a cor de cada animal?

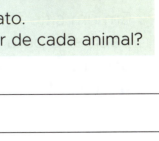

119

Retomada

1. Determine a área e o perímetro de cada figura.

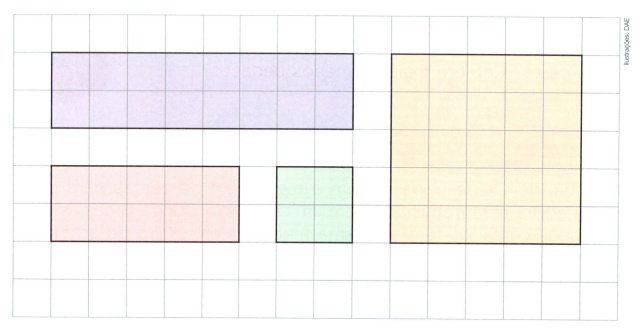

2. Dona Esmeralda tem uma horta retangular com área de 42 m² e um dos lados com medida de 6 m. Qual é a medida do outro lado da horta? _____

3. Indique se o evento é provável ou improvável.

a) Vai nevar em sua cidade amanhã. _____

b) Você irá hoje à praia. _____

c) Você dormirá por mais de 4 horas na próxima noite.
_____

4. Em um sítio foram colhidas 2 140 ameixas. Quantas caixas, com capacidade para acomodar 12 ameixas, serão necessárias para transportar, ao mesmo tempo, todas as ameixas? Sobrarão ameixas? Quantas?

120

5. Em cada item, digite na calculadora o número do primeiro quadro. Quais teclas da calculadora você deve apertar para aparecer o número que está no terceiro quadro, usando apenas multiplicação ou divisão? Registre as teclas que você digitou.

a) | 428 | | 856 |

b) | 428 | | 214 |

c) | 1008 | | 252 |

d) | 523 | | 4184 |

6. Observe a parte pintada de amarelo em cada hexágono.

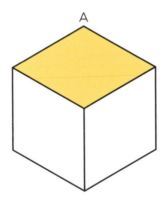
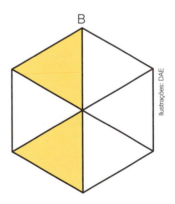

a) Que fração representa a parte pintada em cada hexágono?
_____

b) O que você percebe a respeito da parte pintada em cada hexágono?
_____
_____
_____

121

Periscópio

Para ler

Doces frações, de Luzia Faraco Ramos. 5. ed. São Paulo: Ática, 2005.

A avó de Caio e Adelaide venderá suas deliciosas tortas divididas em porções. No livro, ela pede a ajuda dos netos para dividir as tortas e colocar preços nos pedaços.

Polígonos, centopeias e outros bichos, de Nilson José Machado. 9. ed. São Paulo: Scipione, 2000.

O livro apresenta o conceito de polígono e o nome de cada um. Traz ainda uma história, ou parábola, que nos faz refletir sobre a diferença entre pensar e fazer.

UNIDADE 5 — Decimais para medir

1. Observe este cenário.

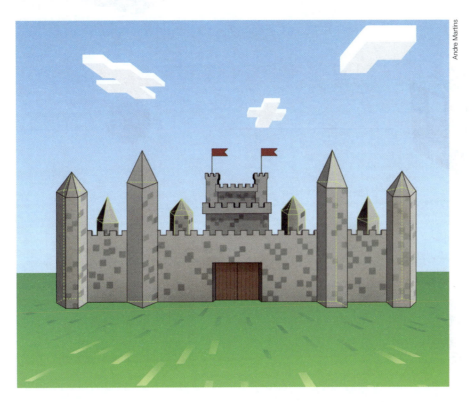

a) Identifique figuras geométricas planas e figuras geométricas espaciais que formam o castelo.

_____

_____

_____

b) Converse com os colegas e professor sobre as figuras encontradas.

c) Complete o cenário fazendo, pelo menos, uma ilustração que tenha figuras geométricas planas e figuras geométricas espaciais.

123

Figuras geométricas espaciais

1. Observe as imagens abaixo:

 _____

 _____

 _____

 _____

 _____

 _____

 _____

 _____

- Escreva ao lado de cada objeto o nome do sólido que melhor o representa.

2. E na sua sala de aula? E na escola? Procure objetos que sejam parecidos com as figuras geométricas espaciais a seguir.

3. Escolha dois objetos de sua sala de aula ou da escola. Escreva o nome de cada objeto e da figura geométrica espacial com a qual ele se parece. Compartilhe suas descobertas com o professor e os colegas.

_____

_____

125

4. Recorte da página 247 do **Material complementar** moldes de figuras geométricas espaciais e faça o que se pede a seguir.

Em Matemática, esses moldes se chamam **planificação de superfície**.

a) Em cada planificação, pinte da mesma cor as figuras idênticas.
b) Troque ideias com os colegas sobre quais figuras planas elas são.
c) Usando cola ou fita adesiva, monte as planificações das figuras espaciais e separe-as em dois grupos: figuras com mais de 2 triângulos e figuras com mais de 2 retângulos.
d) Escolha uma das figuras que você montou, faça um desenho dela no espaço abaixo e depois escreva o nome da figura.

As figuras geométricas espaciais que você montou no grupo com mais de 2 triângulos são chamadas de **pirâmides**. Você montou uma pirâmide de base triangular, uma pirâmide de base pentagonal e uma pirâmide de base hexagonal.

As figuras geométricas espaciais que você montou no grupo com mais de 2 retângulos recebem o nome de **prismas**. Neste caso, montamos um prisma de base triangular, um prisma de base pentagonal e um prisma de base hexagonal.

5. Veja o grupo de faces a seguir e identifique de qual figura geométrica espacial elas são. Se necessário, use suas figuras geométricas espaciais montadas para tirar dúvidas.

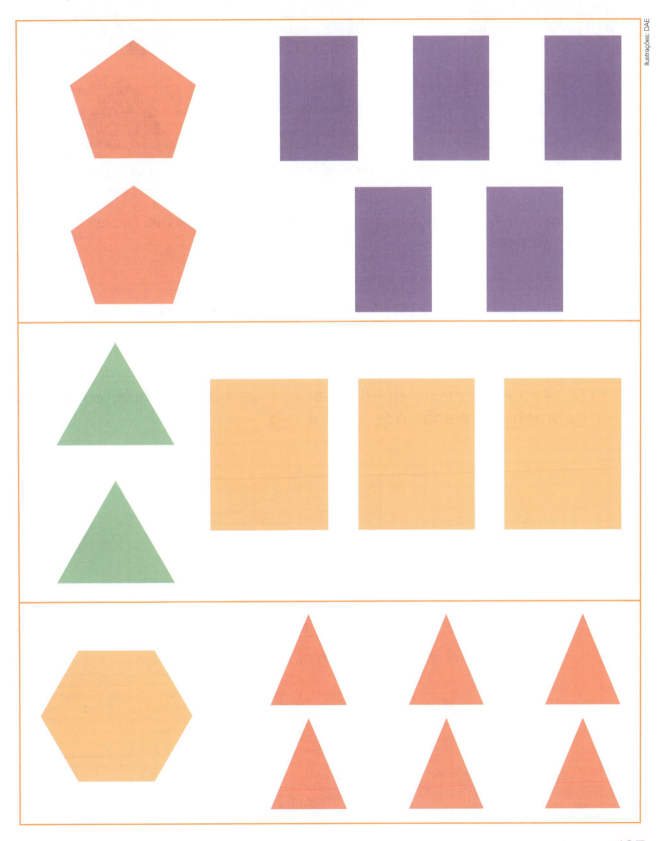

a) Qual é a figura plana que sempre faz parte das faces de uma pirâmide?

_____

b) Qual é a figura plana que sempre faz parte das faces de um prisma?

_____

c) Desenhe, na malha quadriculada e usando a régua, as figuras geométricas planas dos itens **a** e **b**.

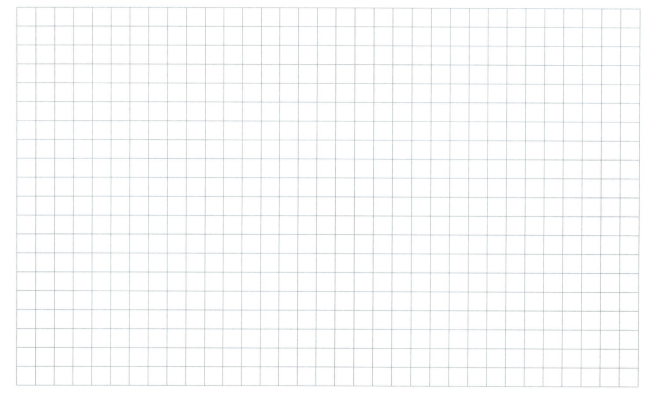

6. Observe as planificações das superfícies de dois paralelepípedos.

a) Agora recorte da página 249 do **Material complementar** as duas planificações da superfície do paralelepípedo e pinte-as como as que foram pintadas acima.

b) Monte seus dois paralelepípedos usando cola ou fita adesiva. Como ficam posicionadas as faces que foram pintadas com a mesma cor?

A base de um prisma é a face que contém exatamente a metade dos vértices.

- O paralelepípedo e o cubo são prismas. Nesses prismas, quaisquer faces opostas podem ser consideradas bases.

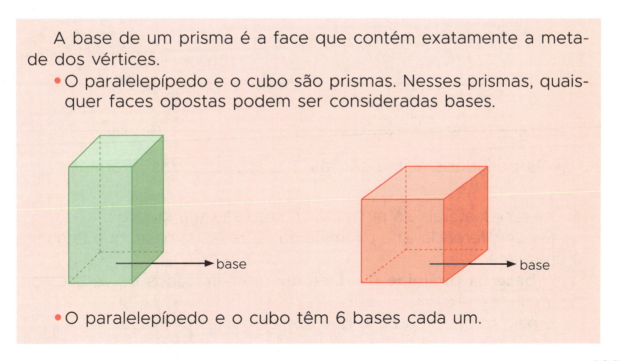

- O paralelepípedo e o cubo têm 6 bases cada um.

129

7. Pegue as 3 pirâmides que você montou na atividade 4. Antes de montar cada uma delas, você pintou da mesma cor, na planificação, as figuras planas iguais.

a) Qual figura plana apareceu nas três pirâmides?

_____

b) Localize, em cada uma de suas pirâmides, a face que foi pintada de cor diferente, contorne essa face no espaço abaixo e escreva o nome da figura plana que surgiu.

_____

- Os polígonos acima são as _____ das pirâmides.

> As faces laterais da pirâmide sempre são triangulares.
> O que diferencia uma pirâmide da outra é sua base, que também é uma face.
> A **base da pirâmide** é a face que contém todos os vértices da pirâmide, exceto um.
> É pelo formato da base que nomeamos as pirâmides.

130

8. Complete o quadro a seguir.

Pirâmide	Nome da pirâmide	Quantidade de faces
	pirâmide de base triangular	
		5
	pirâmide de base pentagonal	

131

Estatística

1. Veja a tabela e o gráfico pictórico a seguir. Os dois representam os resultados de uma pesquisa sobre os esportes preferidos pelos alunos do 4º e do 5º ano de uma escola.

Esportes preferidos				
Tipo de esporte	ciclismo	corrida	futebol	skate
Quantidade de alunos	75	45	125	95

Fonte: Dados obtidos com base na pesquisa feita na escola.

Esportes preferidos

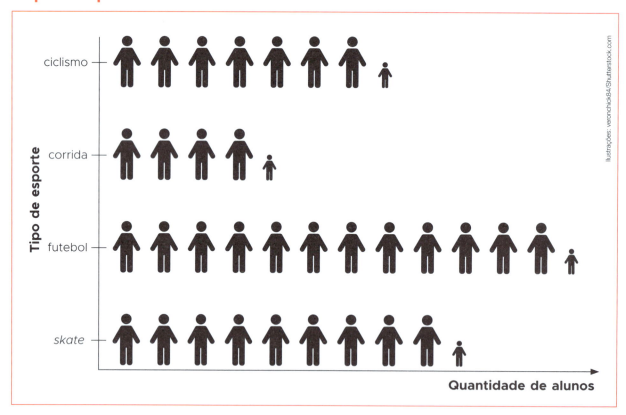

a) Qual é o assunto da pesquisa?

___

b) Localize o título da tabela e do gráfico e contorne-o de amarelo.

___

c) Na tabela, o nome do esporte aparece na primeira coluna, e a quantidade de crianças que prefere cada esporte está na segunda linha. Localize essas mesmas informações no gráfico.

_____

_____

_____

d) Quanto representa cada boneco grande no gráfico? E o boneco pequeno?

_____

_____

e) Seria possível entender o gráfico sem a tabela ao lado dele?

_____

_____

_____

_____

2. Veja esta tabela. Ela foi feita com base em uma pesquisa com os alunos do 5º ano da mesma escola. De uma lista de 6 cores, eles precisavam escolher uma.

Cores preferidas							
Cor	amarela	azul	lilás	rosa	verde	vermelha
Quantidade de alunos	20	55	45	15	20	5

Fonte: Dados obtidos com base na pesquisa feita na escola.

a) Na página a seguir, elabore um gráfico pictórico para representar a pesquisa dessa tabela. Veja algumas dicas.
- Escolha em qual eixo você colocará o nome da cor.
- Depois escolha o símbolo para representar as pessoas.
- Decida quantas pessoas cada símbolo representará – lembre-se de que essa informação precisa estar na legenda de seu gráfico.

133

b) Agora que você já fez seu gráfico, sente-se com um colega e compartilhe-o com ele. Depois, discutam qual título vocês dariam para os gráficos elaborados.

3. Elabore duas perguntas que possam ser respondidas com base no gráfico pictórico abaixo.

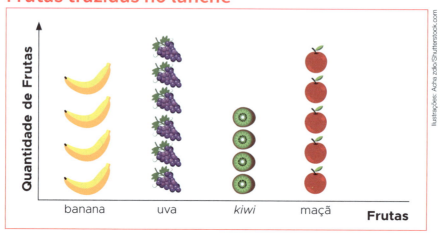

4. Vamos fazer um gráfico de barras?

Observe esta tabela:

Tempo de gestação de alguns mamíferos	
Animal	Tempo de gestação
girafa	425 dias
camelo	406 dias
elefante indiano	624 dias
cachorro	63 dias
cabra	151 dias

Fonte: Marcelo Duarte. *O guia dos curiosos*. São Paulo: Panda Books, 2011. p. 60.

a) Sente-se com um colega e, com base nessa tabela, elaborem um gráfico de barras. Sigam estes passos:

1. Tracem, usando a régua, o eixo horizontal e o eixo vertical na malha quadriculada.
2. Consultando a tabela, escolham um nome para cada eixo.

_____

3. Contem um quadrinho para cada 25 dias.
4. Façam uma barra vertical para cada animal da tabela. Quando não der o número de dias exatos, façam uma estimativa do ponto mais próximo que a coluna terá de altura.
5. Elaborem uma legenda para indicar que cada quadrinho corresponde a 25 dias.
6. Escolham um título para o gráfico e escrevam-no acima dele.

135

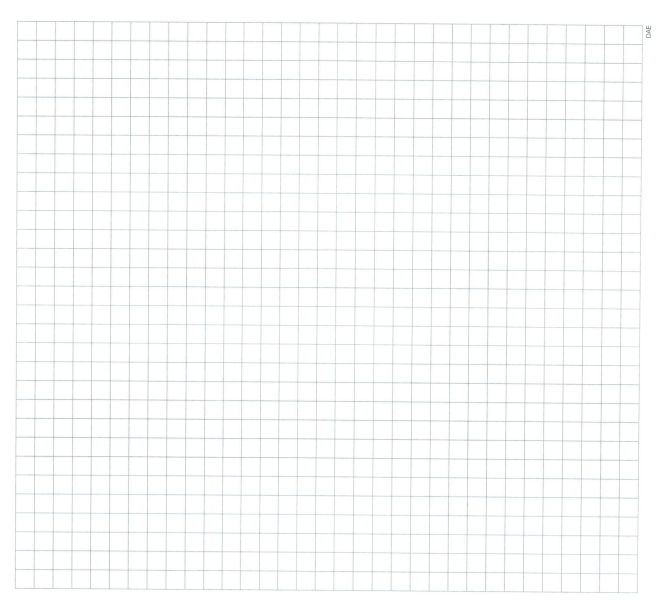

b) Assinale apenas a afirmação verdadeira relacionada ao seu gráfico.

☐ O tempo de gestação do camelo é 30 dias menor que o tempo de gestação da girafa.

☐ O tempo de gestação da cabra é o dobro do tempo de gestação do cachorro.

☐ O tempo de gestação de um elefante indiano é superior a 2 anos.

☐ O tempo de gestação de uma girafa e de uma cabra é menor que o tempo de gestação de um elefante indiano.

136

Um número novo: fração decimal

Acompanhe esta conversa:

1. Olhando para as imagens, responda:

   a) Quanto de peixe a mulher pediu ao peixeiro?

   _____

   b) Que número apareceu na balança?

   _____

   c) Você já viu números escritos assim em outras situações? Ajude o professor a fazer uma lista das situações nas quais encontramos números escritos com vírgula.

   _____

   _____

   _____

   _____

> Lembre-se: a fração representa uma relação parte-todo.
> O numerador fica acima do traço e indica quantas partes serão usadas. O denominador é o número abaixo do traço e indica em quantas partes o inteiro foi dividido.

137

2. Observe:

- dois décimos → $\dfrac{2}{10}$

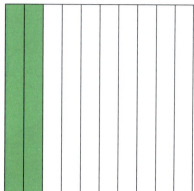

- dois centésimos → $\dfrac{2}{100}$

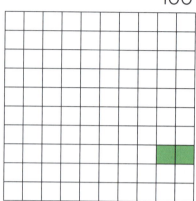

a) Explique o que foi feito na figura em que a parte colorida representa a fração $\dfrac{2}{10}$ e naquela em que a parte colorida representa a fração $\dfrac{2}{100}$.

_____

_____

b) Agora pinte a quantidade de quadrinhos indicada.

- $\dfrac{3}{10}$

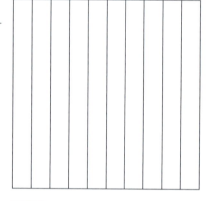

- $\dfrac{20}{100}$

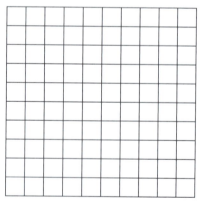

- $\dfrac{6}{10}$

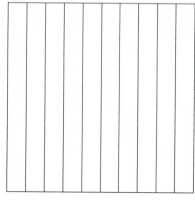

- $\dfrac{50}{100}$

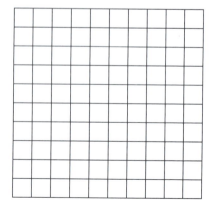

> Quando o denominador de uma fração é 10, 100 ou 1000, a fração é chamada de **fração decimal**.

3. Escreva como se lê cada fração decimal a seguir.

a) $\frac{1}{10}$ _____

b) $\frac{2}{10}$ _____

c) $\frac{8}{10}$ _____

d) $\frac{10}{10}$ _____

e) $\frac{50}{100}$ _____

f) $\frac{36}{100}$ _____

g) $\frac{100}{100}$ _____

O número $\frac{1}{10}$ se lê **um décimo**.

O número $\frac{1}{10}$ pode ser entendido como o inteiro que foi dividido em 10 partes e das dez partes pegamos uma.

$\frac{1}{10}$ é uma forma de representar o quociente da divisão de 1 por 10, ou seja, $\frac{1}{10} = 1 \div 10$

O número $\frac{1}{100}$ se lê **um centésimo**. É uma forma de representar o quociente da divisão do 1 por 100, ou seja, $\frac{1}{100} = 1 \div 100$.

4. Em uma calculadora, digite 1 ÷ 10. O que apareceu? _____

> O número 0,1 é um **número decimal**.
> No número 0,1, o algarismo zero antes da vírgula indica que não há unidades inteiras, e o algarismo 1 depois da vírgula representa um pedaço da unidade que foi dividida em 10 pedaços iguais.
> A vírgula separa a parte inteira da parte decimal.

5. Usando a calculadora, obtenha as frações decimais em forma de número decimal e registre-as.

a) $\frac{6}{10}$ = ____ b) $\frac{8}{10}$ = ____ c) $\frac{9}{10}$ = ____ d) $\frac{3}{10}$ = ____

6. Considere as duas figuras abaixo:

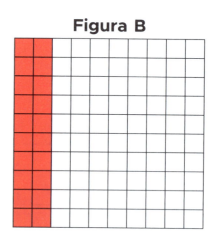

Figura A   Figura B

• Elas são do mesmo tamanho.

a) A figura **A** foi dividida em ____ partes iguais. A parte pintada pode ser representada pela fração ____ ou pelo número decimal 0,2.

b) A figura **B** foi dividida em ____ partes iguais. A parte pintada pode ser representada pela fração $\frac{20}{100}$ ou pelo número decimal ____.

> Assim, podemos dizer que $\frac{2}{10}$ é equivalente a $\frac{20}{100}$ ou 0,2 equivale a 0,20.

140

7. Qual é o número maior: 0,8 ou 0,80? Por quê?

_____

_____

_____

> Veja como se leem os números escritos na forma decimal:
> - 0,8: oito décimos
> - 8,8: oito inteiros e oito décimos
> - 4,9: quatro inteiros e nove décimos
> - 36,7: trinta e seis inteiros e sete décimos
> - 0,70: sete décimos ou 70 centésimos
> - 15,12: quinze inteiros e doze centésimos
> - 0,65: sessenta e cinco centésimos

8. Escreva como se leem os números decimais e depois escreva-os em forma de fração.

Escrita decimal	Como se lê	Escrita fracionária
a) 0,4		
b) 0,40		
c) 0,9		
d) 0,90		
e) 0,3		
f) 0,30		

9. Volte para a história em quadrinhos do início dessas atividades e responda: Porque meio quilograma é o mesmo que 0,500 kg? Troque ideias com os colegas e o professor.

Explorando as operações

1. Melissa participou de um jogo com quatro rodadas. Determine:

   a) quantos pontos ela tinha ao final da segunda rodada;

   b) se, ao final da quarta rodada, ela tinha mais de 150 000 pontos ou menos de 150 000 pontos, sabendo que:
   - na 1ª rodada ela ganhou 35 468 pontos;
   - na rodada seguinte ela ganhou mais 43 098 pontos;
   - na terceira rodada ela percebeu que ganhou 108 pontos a menos que na segunda rodada;
   - na última rodada ela notou que ganhou exatamente 250 pontos a mais que na primeira rodada.

   _____
   _____
   _____

2. Com os números **6**, **6** e **9**, nessa ordem, um **sinal de multiplicação** e **um de adição** é possível obter uma sentença matemática cujo resultado é 45. Veja: 6 × 6 + 9 = 45.

   - Usando apenas um sinal de multiplicação, um de adição ou subtração e um de igualdade, forme uma sentença matemática com os números a seguir.

a) 8 8 4	d) 3 7 9
b) 1 1 7 7	e) 4 4 5 6
c) 2 3 4	f) 8 3 5

3. Estime o produto das multiplicações. Depois encontre duas maneiras de registrar os cálculos para:

a) 36 × 4 ⟶ estimativa: _____

b) 19 × 7 ⟶ estimativa: _____

4. Leia e resolva os problemas a seguir.

a) Maria Eduarda, Valentina e Isabela querem se candidatar para os cargos de secretária e auxiliar de secretária em uma gincana que acontecerá na escola delas. De quantas maneiras diferentes os cargos poderão ser escolhidos?

_____
_____
_____

143

b) Maria Eduarda, Valentina e Isabela querem brincar na gangorra. De quantas maneiras diferentes, elas podem formar duplas para brincar?

_____

_____

5. O que os dois problemas que você acabou de resolver têm em comum?

_____

6. Sente-se com um colega e elaborem um problema parecido com um desses que você acabou de resolver.

_____

_____

7. Nádia deseja mudar o visual de seu quarto. Ela vai dividir uma das paredes ao meio, pintar uma das metades de uma cor e colocar papel de decoração na outra. Mas Nádia está em dúvida em relação à cor e ao papel de decoração. Ela não sabe se deve pintar de azul, lilás, amarelo ou bege e se o papel deve ser listrado, com estrelas ou com corações. Se Nádia combinar todos os papéis com todas as cores, quantas combinações ela terá?

_____

_____

_____

a) Se fosse seu quarto e você quisesse fazer o mesmo que Nádia, como ficaria a parede?

b) Faça o desenho e mostre aos demais colegas da turma.

Um pouco mais de divisão

1. Jair e Cleide organizam em caixas as minitortas que fazem para vender em lojas e supermercados. As caixas que eles utilizam são assim:

Para esta semana, eles receberam as encomendas registradas na tabela abaixo. Complete-a com os tipos de caixas que eles poderão utilizar em cada dia e a quantidade de caixas necessárias.

Encomendas da semana			
Dia da semana	Quantidade de tortas encomendadas	Caixas que podem ser utilizadas	Quantidade de caixas
segunda-feira	348		
terça-feira	225		
quarta-feira	108		
quinta-feira	250		
sexta-feira	360		
sábado	432		

Fonte: Dados obtidos com base nas encomendas recebidas por Jair e Cleide.

a) Por que, com a mesma quantidade de tortas, se mudarmos a caixa, a quantidade de caixas será diferente?

_____

_____

b) Quais caixas podem ser utilizadas tanto na quarta-feira quanto no sábado?

___

c) Qual é a quantidade de tortas que pode ser guardada em qualquer caixa?

___

2. Calcule o resultado das divisões.

a) 30 ÷ 10 = _____

b) 50 ÷ 10 = _____

c) 300 ÷ 10 = _____

d) 500 ÷ 10 = _____

e) 70 ÷ 10 = _____

f) 90 ÷ 10 = _____

g) 700 ÷ 100 = _____

h) 900 ÷ 100 = _____

3. Em cada situação indique qual operação terá o maior quociente.

☐ 3 000 ÷ 100   ou   ☐ 30 000 ÷ 10

☐ 7 000 ÷ 100   ou   ☐ 70 000 ÷ 10

☐ 5 000 ÷ 100   ou   ☐ 50 000 ÷ 10

• Compartilhe com os colegas como você pensou para determinar os quocientes.

Em uma divisão os termos são assim chamados:

```
         dividendo
            ↑
       3  3  6  | 1  6  → divisor
     - 3  2     | 2  1  → quociente
       ‾‾‾‾‾
       0  1  6
          1  6
          ‾‾‾‾
          0  0  → resto
```

146

4. Encontre o quociente das divisões a seguir.

600 ÷ 3 = _____	600 ÷ 6 = _____
300 ÷ 3 = _____	300 ÷ 6 = _____
180 ÷ 3 = _____	180 ÷ 6 = _____
60 ÷ 3 = _____	60 ÷ 6 = _____

Observando os resultados das divisões, podemos afirmar que se o dividendo permanece o mesmo e o divisor é multiplicado por 2, o quociente da nova divisão será _____ do quociente da outra divisão. Assim:

a) se 120 ÷ 2 é igual a 60, então 120 ÷ 4 é igual a _____;

b) se 320 ÷ 4 é igual a 80, então 320 ÷ 8 é igual a _____;

c) se 660 ÷ 6 é igual a 110, então 660 ÷ 3 é igual a _____.

5. Efetue as divisões.

Se	Então
360 ÷ 60 = 6	3600 ÷ 600 = ____
210 ÷ 30 = 7	2100 ÷ 300 = ____
640 ÷ 80 = 8	6400 ÷ 800 = ____
550 ÷ 50 = 11	5500 ÷ 500 = ____

- Observando os resultados das divisões, podemos afirmar que se o dividendo e o divisor são multiplicados pelo mesmo número, o quociente _____.

Metro e quilômetro

1. Leia a notícia abaixo, publicada no caderno Maluquices, do jornal *Joca*.

Torre mais alta do mundo: 1 km

Em 2020 estará pronto na Arábia Saudita o prédio mais alto do mundo: Jidá Tower já está sendo construída e terá 1 km de altura e 200 andares. Erguê-la não está sendo nada fácil. Fundações de 60 metros de profundidade estão sustentando o edifício de 80 mil toneladas de aço. O prédio terá uma área externa onde os visitantes podem apreciar a vista. Para enfrentar os ventos, o formato da torre será triangular. O criador do prédio é o príncipe saudita Al-Wald bin Talas.

Disponível em: <https://jornaljoca.com.br/portal/torre-mais-alta-do-mundo-1-km>. Acesso em: set. 2017.

Maquete do maior edifício do mundo a ser construído, o Jidá Tower, Arábia Saudita.

a) Contorne todas as informações numéricas na notícia.

b) O que significa cada escrita numérica?

_____

_____

_____

c) Você localizou a escrita **1 km**? Você sabe como ler essa escrita? Converse com o professor e os colegas.

d) Em quais outras situações utilizamos km? Dê alguns exemplos.

_____

_____

148

> O prefixo grego **kilo**, em português, é escrito **quilo**. Apesar da mudança de escrita de uma língua para outra, o significado continua o mesmo, ou seja, **quilo** significa **mil**.
> Então **um quilômetro** é o mesmo que **mil metros**.
> No registro de medidas de comprimento, **quilômetro** é representado pela abreviatura **km**.

2. Agora responda:

  a) Qual será a altura desse prédio em 2020? _____

  b) Se 1 km é o mesmo que 1000 metros, quantos metros esse prédio gigante terá? _____

  c) Se esse prédio tivesse a metade do tamanho, quantos metros ele teria? Esse tamanho seria maior ou menor que 1 km?
  _____

  d) E se esse prédio tivesse o dobro do tamanho, quantos metros ele teria? _____

3. Pesquise e registre qual é a medida aproximada de um prédio de 7 andares.

_____

_____

4. Quantos prédios de 7 andares seriam necessários para alcançar a altura do prédio de 1 km?

_____

5. Qual é o maior comprimento: a distância de 13 km entre uma cidade e outra ou um rio de 5000 m de extensão?

_____

6. Leia o texto a seguir.

Geociências: IBGE* revê as altitudes de sete pontos culminantes

O IBGE atualizou as altitudes de sete pontos culminantes brasileiros, a partir da aplicação da versão 2015 do modelo de ondulação geoidal do Brasil [...]. A atualização não alterou o *ranking* das montanhas mais altas do país, mas determinou aumentos de 1,52 m tanto no Pico da Neblina (mais alto) quanto no Pico 31 de março (segundo mais alto), que passaram a ter 2 995,30 m e 2 974,18 m, respectivamente. Em relação aos outros cinco pontos culminantes, houve reduções nas altitudes inferiores a um metro.

[...]

*IBGE é a sigla de Instituto Brasileiro de Geografia e Estatística.

Fonte: *Atlas geográfico escolar*. 7. ed. Rio de Janeiro: IBGE, 2016. p. 88.

Altitude dos picos culminantes brasileiros

Ponto culminante	Nova altitude (m)	Altitude anterior (m)
Neblina	2 995,30	2 993,78
31 de março	2 974,18	2 972,66
Bandeira	2 891,32	2 891,98
Pedra da Mina	2 798,06	2 798,39
Agulhas Negras	2 790,94	2 791,55
Cristal	2 769,05	2 769,76
Monte Roraima	2 734,05	2 734,06

Fonte: *Inde*. Disponível em: <www.inde.gov.br/noticias-inde/8530-geociencias-ibge-reve-as-altitudes-de-sete-pontos-culminantes.html>. Acesso em: set. 2017.

a) Do que trata esse texto?

_____

_____

b) Escreva **V** (verdadeiro) ou **F** (falso).

☐ Todos os pontos citados têm mais de 2,5 km de altura.

☐ O ponto mais baixo tem um pouco mais de 2 mil metros de altura.

☐ O ponto mais alto tem quase 2 km de altura.

☐ A diferença entre a altitude anterior e a nova altitude do Monte Roraima é de 0,11 metro.

• Escolha uma opção falsa e reescreva-a para torná-la verdadeira.

_____

_____

151

A chapa vai ferver

Outra grandeza que medimos corriqueiramente é a temperatura, e a unidade mais comum que usamos para isso é o grau Celsius (°C), definido com base nas temperaturas em que a água congela e ferve. O instrumento que utilizamos para medir temperaturas é o termômetro, em geral graduado em duas escalas: Celsius e Fahrenheit.

Para começar, 0 °C é a temperatura em que a água congela, o que é bastante frio para nós. A temperatura média do planeta Terra, levando em consideração todos os lugares, é de 14 °C. Piscinas aquecidas são mantidas a temperaturas em torno de 29 °C, e a temperatura média do corpo de uma pessoa saudável é de 36,5 °C; a partir de 37 °C, já se considera uma febre leve – e a temperatura corporal mais alta que uma pessoa já teve (e viveu para contar) foi de 46,5 °C. Já a temperatura corporal média de um gato é de 38,6 °C, o que explica por que é tão gostoso pegar um bichano no colo no inverno.

A pipoca estoura a 180 °C, aproximadamente a temperatura média no planeta Mercúrio, o mais perto do Sol. O forno de um fogão doméstico pode atingir, na regulagem máxima, a temperatura de 240 °C, bem menos do que os assustadores 460 °C que representam a temperatura média no planeta Vênus.

Quer esquentar mais? A superfície do Sol atinge temperaturas de 5 500 °C. A temperatura do ar ionizado em um relâmpago pode chegar a mais de 30 000 °C, o que o leva a brilhar com uma cor branco-azulada. No interior do Sol, a temperatura deve chegar a 15,6 milhões de graus Celsius (15 600 000 °C), praticamente uma brisa fresca de inverno comparada à temperatura de 10 bilhões de graus Celsius (10 000 000 000 °C) do interior de uma estrela que explode em uma supernova. Por incrível que pareça, cientistas do Centro Europeu de Pesquisas Nucleares (Cern, na sigla em francês) já conseguiram obter temperaturas ainda mais altas, de 5,5 trilhões de graus Celsius (5 500 000 000 000 °C).

Portanto, quando o verão chegar e você achar que os termômetros estão marcando temperaturas muito altas, pense que poderia ser pior...

Fonte: A chapa vai ferver. *Ciência Hoje das Crianças*, 16 out. 2015.
Disponível em: <http://chc.org.br/a-chapa-vai-ferver>. Acesso em: dez. 2017.

1. Grife no texto todas as medidas de temperatura apresentadas.

2. Calcule a diferença entre a temperatura da superfície do Sol e seu interior.

_____

3. Qual é a temperatura média do corpo de uma pessoa saudável?

_____

4. Com base no quadro a seguir, como você classificaria o estado de uma pessoa de acordo com as temperaturas indicadas em cada item?

Temperatura	Estado
41 °C ou mais	Hipertermia
39,5 °C – 41 °C	Febre alta
37,5 °C – 39,5 °C	Febre
36 °C – 37,5 °C	Normal
35 °C ou menos	Hipotermia

a) 36,5 °C ⟶ _____

b) 37 °C ⟶ _____

c) 41,5 °C ⟶ _____

d) 34,5 °C ⟶ _____

e) 38,7 °C ⟶ _____

5. Pesquise, anote e compartilhe com os colegas os atuais modelos de termômetro que medem a temperatura corporal.

_____

_____

_____

Coleção de problemas

1. (Saresp) Mila quer fazer embalagens em forma de prisma para os produtos de sua loja, mas não quer que sejam cubos. Entre os modelos de planificação abaixo os que podem servir para Mila são:

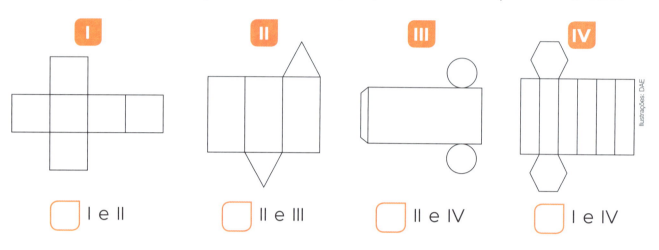

◯ I e II   ◯ II e III   ◯ II e IV   ◯ I e IV

2. (Obmep) Para montar um cubo, Guilherme recortou um pedaço de cartolina branca e pintou de cinza algumas partes, como na figura ao lado.

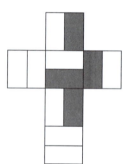

• Qual das figuras abaixo representa o cubo construído por Guilherme?

a)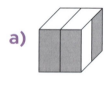

d)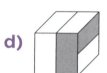

b)

e)

c)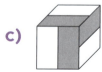

3. Em um campeonato na escola de Avelino, foram conquistadas medalhas de bronze, prata e ouro nas modalidades futebol, basquete, corrida, salto e handebol. No total foram 41 medalhas. Use a tabela abaixo para organizar esses dados.

Medalhas \ Modalidade	Basquete	Corrida	Futebol	Handebol	Salto	Total
Bronze		4		3	9	21
Prata	2				7	18
Ouro		0	1	0		2
Total	4		8	4		41

- Converse com os colegas para avaliar a resposta que cada um deu.

4. Estime a quantidade de caixas, de 52 quilogramas cada uma, que podem ser transportadas em um elevador de carga com capacidade para 870 quilogramas. Faça os cálculos para conferir.

_____

- E se tivermos 180 caixas de 52 quilogramas cada uma? Quantas viagens serão feitas por esse mesmo elevador?

_____

5. (XXVI OBM) Uma professora tem 237 balas para dar a seus 31 alunos. Qual é o número mínimo de balas a mais que ela precisa conseguir para que todos os alunos recebam a mesma quantidade de balas, sem sobrar nenhuma para ela?

☐ 11   ☐ 20   ☐ 21   ☐ 31   ☐ 41

6. Clara fez 95 bandejas de barrinha de cereal para vender. Ela colocou 35 barrinhas em cada bandeja. Do total de barrinhas feitas, 1320 foram vendidas nos dois primeiros dias em um evento sobre alimentação saudável. Quantas barrinhas ainda há para vender?

_____

155

Retomada

1. Complete o quadro.

Figura geométrica espacial	Nome da figura	Desenho das faces	Como são as faces

			3 pares de retângulos congruentes
	prisma de base hexagonal		
	prisma de base pentagonal		2 pentágonos congruentes e 5 retângulos congruentes
	pirâmide de base quadrada		
			1 pentágono e 5 triângulos congruentes

2. Pinte a quantidade indicada e escreva como se lê cada fração.

a) $\dfrac{6}{10}$ _____

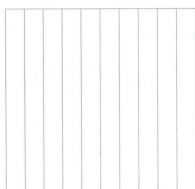

b) $\dfrac{30}{100}$ _____

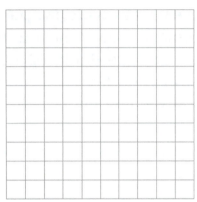

3. A tabela a seguir mostra informações a respeito dos cinco maiores públicos já registrados em certo estádio para uma partida de futebol.

Ano	1960	1963	1968	1970	1976
Número de pessoas	197 654	199 523	194 603	183 341	174 771

Fonte: Dados com base nas informações do estádio.

Com base na tabela responda:

a) O que podemos observar quanto à quantidade do público nesse estádio nos anos indicados?
_____

b) Em qual dos cinco anos o estádio teve o maior público?
_____

c) Qual é a diferença de público entre os anos 1968 e 1976?
_____

4. Lembrando que 1 km = 1000 m, complete:

a) 2 km = _____ m;

b) 200 m = _____ km;

c) 14 km = _____ m;

d) 400 m = _____ km.

157

Periscópio

📖 Para ler

Espaguete e almôndegas para todos! – Uma história matemática, de Marilyn Burns e Debbie Tilley. São Paulo: Brinque Book, 2007.
O almoço da família Costa foi planejado com cuidado, já que teriam uma porção de convidados. Mas no dia do encontro, quando todos começaram a chegar, a matemática é que salvou os amáveis anfitriões de uma enorme complicação!

10 que valem 30!, de Atílio Bari. São Paulo: Scipione, 2003.
Três amigos acham um jeito de, usando a matemática, pagar suas dívidas e ainda ficar com dinheiro na mão.

👆 Para acessar

Introdução às planificações de poliedros: vídeo que ensina, passo a passo, como fazer a planificação de poliedros.
Disponível em: <https://pt.khanacademy.org/math/basic-geo/basic-geovolume-sa/basic-geometry-surface-area/v/nets-of-polyhedra>. Acesso em: set. 2017.

158

Localize-se!

1. Recorte da página 251, do **Material complementar**, os itens indicados a seguir. Depois, cole-os na ilustração da cidade abaixo, seguindo os comandos:

   - um carro na posição A3;
   - uma árvore na posição E8;
   - um hospital na posição H1;
   - um homem caminhando na posição C5;
   - uma escola na posição F7.

159

Plano cartesiano

Caça ao tesouro

Em 1511, o navio português Flor do Mar, comandado pelo irmão de Vasco da Gama, desapareceu em uma tempestade. Ele carregava 60 toneladas de ouro e pedras preciosas.

Fonte: LUSOPT. Disponível em: <www.lusopt.pt/portugal/504-descoberto-navio-portugues-de-1511#>. Acesso em: set. 2017.

Vamos caçar o tesouro do navio Flor do Mar!

Adivinhe onde estão os tesouros que cada um dos jogadores posicionou em suas cartelas!

Participantes:

duplas de alunos.

Material:

- cartela do jogo **caça ao tesouro**, da página 251, do **Material complementar**.

Regras:

1. Marque na primeira cartela, sem que o jogador adversário veja, onde ficarão posicionados os 5 tesouros. Observe que cada um é representado de uma maneira diferente.

Baú de moedas   Anel de rubi   Cofre com pedras preciosas   Arca de ouro

Você poderá repetir um tipo de tesouro, já que há apenas quatro tipos. Coloque os 5 tesouros sem que encostem um no outro.

2. Cada jogador diz, na sua vez, uma letra e um número para localizar onde o tesouro pode estar posicionado. Se pegar em parte de um tesouro, o oponente deverá dizer ACERTOU e o tipo de tesouro que foi atingido. Se não atingir nenhuma parte de nenhum tesouro, ele deverá dizer ÁGUA.

• Veja o exemplo da cartela de um aluno. Neste caso, ele pintou os tesouros e marcou o palpite C9, que foi a tentativa do adversário.

3. Na segunda cartela, você marcará suas tentativas de acertar os tesouros do adversário. Se atingir uma parte de algum tesouro, você deverá pintar o quadrado. Se não atingir nada e seu oponente disser ÁGUA, você deverá marcar um **X** no quadrado.

161

4. Um tesouro será encontrado apenas quando todos os quadros que o compõem tiverem sido pintados.
5. O jogo termina quando um dos jogadores encontrar todos os tesouros de seu oponente.

Agora pense sobre o jogo

1. Quem ganhou o jogo? _____

2. Qual a localização de seus tesouros? Preencha o quadro indicando todas as casas que eles ocupam.

Tipo de tesouro	Localização

3. Agora preencha o quadro indicando a localização dos tesouros do adversário.

Tipo de tesouro	Localização

No jogo **caça ao tesouro**, precisamos de uma letra e de um número para localizar os tesouros. Podemos localizar também outros pontos usando somente números.

Sistema de coordenadas

A representação abaixo é chamada de sistema de coordenadas. Esse sistema é formado por dois eixos numerados de tal modo que:
- a origem dos dois é a mesma;
- um deles está na posição vertical e o outro, na posição horizontal.

O plano no qual o sistema de coordenadas está representado é composto de infinitos pontos.

Qualquer ponto desse plano pode ser localizado por meio de duas informações, denominadas de "par ordenado de números".

No sistema de coordenadas a seguir, localizamos 3 pontos:

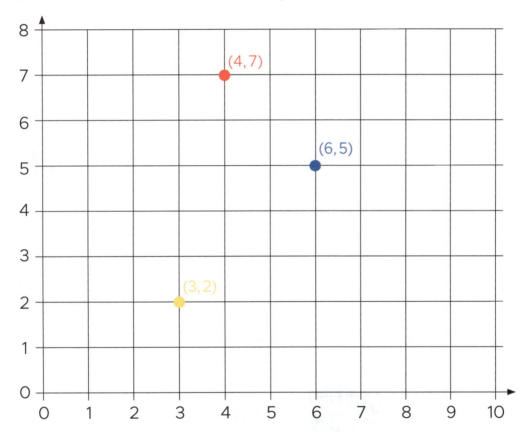

- a localização do ponto amarelo é indicada por (3,2);
- a localização do ponto vermelho é indicada por (4,7);
- a localização do ponto azul é indicada por (6,5).

1. Insira na malha acima cada um dos pontos indicados a seguir. Escolha uma cor diferente para cada um.

   a) (2,6)   b) (5,6)   c) (8,3)

163

Em Matemática, quando localizamos um ponto qualquer por meio de coordenadas, usamos a palavra **plotar**.

2. Localize os pontos turísticos de uma cidade seguindo os pares ordenados.

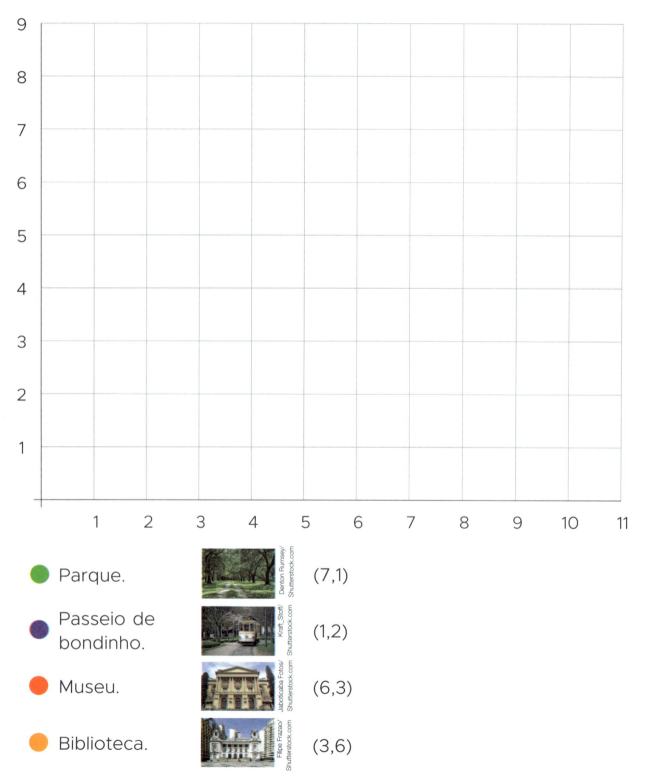

- Parque. (7,1)
- Passeio de bondinho. (1,2)
- Museu. (6,3)
- Biblioteca. (3,6)

Gráfico de linha

O filme *Heróis do futuro* foi lançado em 2015. O gráfico mostra a quantidade de pessoas que assistiram ao filme durante um mês em um dos cinemas da cidade de São Paulo.

Público do filme *Heróis do futuro* no primeiro mês após seu lançamento

Fonte: Dados coletados em um cinema de São Paulo.

1. Qual é o título do gráfico?
   _____

2. Que outro título você daria para esse gráfico?
   _____

3. O que você observou em relação à quantidade de pessoas que assistiram ao filme ao longo do primeiro mês?
   _____

4. O que representa o número 13 552 no gráfico?
   _____

165

Observe agora o gráfico que mostra a quantidade de pessoas que assistiram ao mesmo filme, ao longo de uma semana, em outro cinema da cidade.

Público durante uma semana

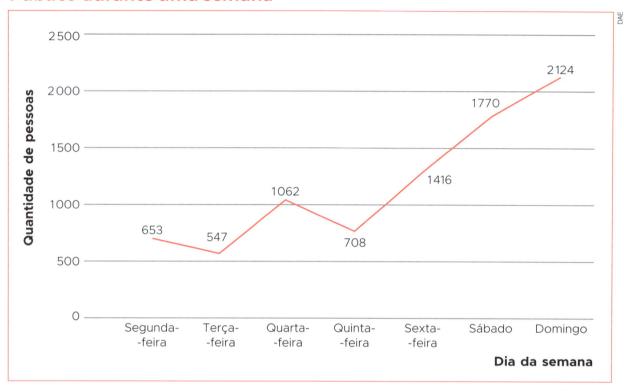

Fonte: Dados coletados em outro cinema de São Paulo.

1. Podemos dizer que houve grande variação da quantidade de pessoas ao longo da semana? No gráfico, o que indica essa variação?

2. Em que dia da semana menos pessoas assistiram ao filme?

3. Em quais dias da semana o cinema recebeu mais espectadores?

4. Sem considerar o fim de semana, por que você imagina que em um dos dias da semana houve aumento do número de pessoas?

Sistema de numeração decimal: milhões

Uma abelha de 100 milhões de anos

Cientistas anunciaram a descoberta do mais antigo fóssil de abelha já encontrado. Preservado em âmbar, ele tem 100 milhões de anos e mede apenas 2,95 milímetros. Quarenta milhões de anos mais antigo do que outros fósseis de abelha já encontrados, esse incrível vestígio do passado foi descoberto em Burma, um país do sudeste da Ásia. [...] O fóssil recém-descoberto mostra que, mesmo há cem milhões de anos, as abelhas já tinham desenvolvido importantes características apresentadas por elas atualmente. Um exemplo são os pelos presentes nas pernas, que, acreditam os cientistas, são importantes para coletar o pólen das flores que as abelhas comem ou levam para suas larvas nas colmeias. Ao visitar diferentes flores, as abelhas acabam carregando o pólen de uma para outra, auxiliando a reprodução das plantas. No fóssil de cem milhões de anos foram encontrados diversos grãos de pólen e acredita-se que a origem das abelhas contribuiu para a rápida diversificação das angiospermas – plantas com flores – do início até a metade do período conhecido como Cretáceo, que vai de 145 a 65 milhões de anos atrás, aproximadamente.

Disponível em: <http://chc.org.br/uma-abelha-de-100-milhoes-de-anos>. Acesso em: set. 2017.

1. Escreva os números a seguir usando algarismos.

    a) Cem milhões: _____.

    b) Sessenta e cinco milhões: _____.

2. O fóssil de abelha descoberto em Burma é quantos anos mais antigo que os outros fósseis já encontrados? Escreva por extenso e usando algarismos.

    _____

3. Apresente as escritas numéricas a seus colegas. Todos apresentaram a mesma escrita?

Você já sabe que o sistema de numeração que usamos é posicional e que o valor dos algarismos varia de acordo com a ordem em que estão posicionados em um número.

Organizar os números no quadro valor de lugar pode auxiliar na escrita de números maiores que 999 999. Observe o número 145 milhões no quadro valor de lugar.

Milhões			Milhares			Unidades simples		
Centena de milhão	Dezena de milhão	Unidade de milhão	Centena de milhar	Dezena de milhar	Unidade de milhar	Centena	Dezena	Unidade
1	4	5	0	0	0	0	0	0

Observe que há uma classe de números a cada 3 ordens. Assim, temos:

3ª classe ou classe dos milhões			2ª classe ou classe dos milhares			1ª classe ou classe das unidades simples		
Milhões			Milhares			Unidades simples		
9ª ordem	8ª ordem	7ª ordem	6ª ordem	5ª ordem	4ª ordem	3ª ordem	2ª ordem	1ª ordem
Centena de milhão	Dezena de milhão	Unidade de milhão	Centena de milhar	Dezena de milhar	Unidade de milhar	Centena	Dezena	Unidade

Observe que, quando escrevemos os números, agrupamos de 3 em 3 e colocamos um espaço ou um ponto para separar as classes.

No número vinte e três milhões, novecentos e sessenta e três mil, cento e noventa e dois, temos:

23 963 192

lemos **milhões** lemos **mil** lemos apenas o número

4. Volte à atividade 1 e verifique se você escreveu os números corretamente.

> Você sabia que, segundo o IBGE (Instituto Brasileiro de Geografia e Estatística), a população brasileira cresce a cada vinte segundos? No dia 11/07/2017, às 23 horas e 48 minutos, a população era de 207 722 048 habitantes.
>
> Fonte: IBGE. Disponível em: <www.ibge.gov.br/apps/populacao/projecao>. Acesso em: set. 2017.

5. Observe a tabela que mostra a população de alguns estados brasileiros e tente ler os números apresentados.

Região	Estado	População estimada (2017)
Norte	Acre	829 619
	Amazonas	4 063 614
Nordeste	Ceará	9 020 460
	Bahia	15 344 447
Sudeste	São Paulo	45 094 866
	Minas Gerais	21 119 536
Centro-Oeste	Mato Grosso	3 344 544
	Tocantins	1 550 194
Sul	Santa Catarina	7 001 161
	Rio Grande do Sul	11 322 895

Fonte: G1. Disponível em: <https://g1.globo.com/economia/noticia/brasil-tem-mais-de-207-milhoes-de-habitantes-segundo-ibge.ghtml>. Acesso em: out. 2017.

a) Entre os estados que aparecem na tabela:

- qual é o mais populoso? _____
- qual é o menos populoso? _____

b) Organize os estados em ordem decrescente de acordo com as respectivas populações:

_____

_____

6. Ligue os estados ao número que representa sua população.

Os mapas dos estados não estão representados em escala.

São Paulo

1 000 000 + 500 000 + + 50 000 + 100 + 90 + 4

Amazonas

9 × 1 000 000 + 2 × 10 000 + + 4 × 100 + 6 × 10

Ceará

45 000 000 + 94 000 + 866

Tocantins

7 × 1 000 000 + 1 × 1 000 + + 1 × 100 + 6 × 10 + 1

Santa Catarina

4 000 000 + 60 000 + 3 000 + + 600 + 10 + 4

170

Para saber mais

Você sabia que a população brasileira cresceu 0,8% e chegou a 206 milhões de habitantes?

São Paulo é o Estado mais populoso do País com 44,75 milhões de habitantes; Roraima é o menos populoso com apenas 514,2 mil

O Brasil tem 206,08 milhões de habitantes, segundo dados divulgados, nesta terça-feira (30), pelo Instituto Brasileiro de Geografia e Estatística (IBGE). Estimativas indicam que o País tinha, em 1º de julho deste ano, 206 081 432 habitantes. No ano passado, a população era de 204 450 649.

Fonte: Governo do Brasil. Disponível em: <www.brasil.gov.br/infraestrutura/2016/08/populacao-brasileira-cresce-0-8-e-chega-a-206-milhoes>. Informação coletada no dia 22/09/2017, às 9h22.

Números decimais

Alguns alunos do 5º ano farão uma apresentação de dança na escola para os colegas. Para a entrada no palco eles se organizarão em ordem de tamanho. Veja as medidas da altura dos alunos e organize-os do mais baixo para o mais alto.

Fábio 1,45 m
Leonardo 1,50 m
Paulo 1,05 m
Júlia 1,54 m
Melissa 1,57 m

Enquanto esse grupo de alunos se preparava para a apresentação, outro grupo organizava o cenário. Eles precisavam colocar 4 árvores no palco, duas de cada lado. O professor de teatro pediu que colocassem as duas árvores menores na parte da frente e as duas maiores na parte de trás.

No verso de cada árvore estava registrada a medida dela.

1. Complete o quadro com a medida das árvores para descobrir quais ficarão na frente e quais ficarão atrás.

D	U	,	Décimos	Centésimos	Milésimos
	2	,	1	5	0
	2	,	1	0	0
					0

2. Agora registre no croqui do palco o local onde cada árvore ficará posicionada.

3. Compare os números a seguir usando os sinais de >, < ou =.

a) 7,8 _____ 7,6

b) 0,89 _____ 0,9

c) 2,80 _____ 2,8

d) 11,89 _____ 12,1

4. Decomponha os números a seguir.

Números	Decomposição decimal
1,08	1 + 0,08 ou 0,5 + 0,5 + 0,05 + 0,03 ou 0,6 + 0,4 + 0,01 + 0,07
1,8	
3,453	
3,053	
15,7	
15,070	
0,089	
0,89	
7,001	
7,100	

5. Em cada par de números, pinte o maior.

a) | 1,08 | 1,8 |

b) | 15,7 | 15,070 |

c) | 3,453 | 3,543 |

d) | 0,089 | 0,89 |

e) | 7,001 | 7,100 |

6. Com o professor e os colegas, escreva um texto sobre como devemos comparar números decimais.

_____
_____
_____
_____

Adição e subtração com decimais

1. Clarissa está reformando seu quarto. Para colocar uma faixa de papel de parede, ela mediu todas as paredes do quarto e anotou as informações necessárias em um desenho.

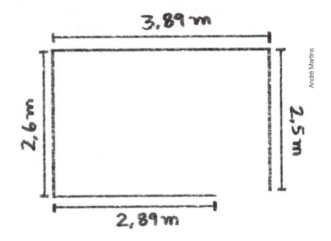

Na loja, viu que os rolos de faixa de papel de parede tinham 10 m de comprimento.

a) Quantos rolos ela precisará comprar?

175

b) Com o papel que sobrou, Clarissa resolveu decorar também duas paredes da sala. Uma parede tinha 3,6 m e a outra, 4,5 m. Para descobrir quanto precisaria de papel, ela somou 3,6 com 4,5. Para isso, Clarissa organizou os números alinhando as ordens. Assim, a vírgula ficará alinhada também. Veja:

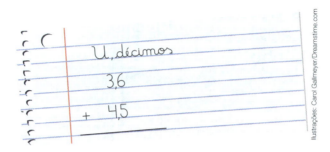

- Depois somou os décimos: 6 décimos mais 5 décimos é igual a 11 décimos. Então trocou 10 décimos por 1 inteiro e continuou a adição.

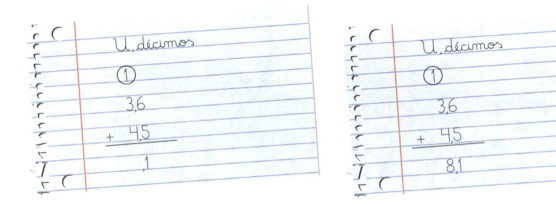

- Agora ela sabe que precisará de 8,1 m de papel para decorar as paredes da sala. A sobra que ela tem será suficiente?

_____

_____

2. Márcia é costureira. Ela comprou 2,4 m de tecido estampado e 1,8 m de tecido liso. Quantos metros de tecido ela comprou?

_____

_____

3. Júlia foi ao mercado e comprou 1 pacote de arroz, um pacote de café e um pacote de fraldas.

a) Quanto ela gastou?

_____

b) Júlia pagou a conta com uma nota de 50 reais. Quanto recebeu de troco?

_____

Para subtrair 48,84 de 50,00 precisamos organizar centésimos com centésimos, décimos com décimos, vírgula com vírgula, unidade com unidade e dezena com dezena:

```
  D U , Décimos   Centésimos
-  5 0 ,    0          0
   4 8 ,    8          4
```

Depois devemos proceder como em qualquer subtração. Começamos pelos centésimos. Se precisamos tirar 4 centésimos e não temos nenhum, trocamos dos décimos, que neste caso também não temos. Então precisamos trocar as unidades, que também não temos neste caso. Chegamos às dezenas e trocamos por unidades, depois por décimos e então por centésimos.

```
  D  U  , Décimos   Centésimos
- ⁴5  ¹0⁹ ,  ¹0⁹       ¹0
   4  8  ,    8          4
   0  1  ,    1          6
```

Medidas de massa

Brasileiro do levantamento de peso fica em 5º e bate recorde sul-americano

O brasileiro Fernando Reis, 26, não conseguiu subir ao pódio no levantamento de peso mesmo fazendo sua melhor marca internacional da carreira. Mas terminou a final de sua categoria, de mais de 105 kg, na 5ª colocação.

Reis, que pesa 154 kg e tem 1,87 metros, ergueu, no geral, 435 kg. Novo recorde sul-americano.

[...]

Segundo ele, daria para ter ido um pouco mais, mas ele disse estar feliz com a sua estreia em Olimpíada.

A marca final de cada atleta, no levantamento de peso, é a soma das duas etapas da competição.

Na etapa do arranque, em que o competidor precisa levantar a barra com os pesos em um único movimento desde o solo até sobre a cabeça, o brasileiro levantou 195 kg. "Cometi um erro nessa parte", disse Reis. Segundo ele, era preciso levantar 200 kg ou mais, nessa fase, para estar na briga pela medalha.

A segunda parte da prova é o arremesso, quando o atleta ergue a barra e os pesos em dois movimentos – a barra é apoiada na região do pescoço e dos ombros e depois erguida acima da cabeça – Reis conseguiu a marca de 240 kg.

A medalha de ouro, na competição realizada no Pavilhão 2 do Rio Centro agora à noite, ficou com Lasha Talakhadze, da Geórgia, que levantou o peso total de 473 kg, o novo recorde mundial.

A prata foi para Gor Minasyan, da Armênia, que ergueu 451 kg.

Outro representante da Geórgia, Irakli Turmanidze, subiu ao pódio para ganhar o bronze. Ele levantou, nas duas etapas, o total de 448 kg.

Disponível em: <www1.folha.uol.com.br/esporte/olimpiada-no-rio/2016/08/1803797-brasileiro-do-levantamento-de-peso-fica-em-5-e-bate-recorde-pan-americano.shtml>. Acesso em: set. 2017.

1. Contorne o símbolo **kg** na notícia todas as vezes que ele aparece.

2. De acordo com a notícia, responda:

   a) Quantos quilogramas o brasileiro conseguiu erguer no total?
   _____

   b) Escreva abaixo do pódio o total de massa que cada medalhista ergueu:

_____ _____ _____

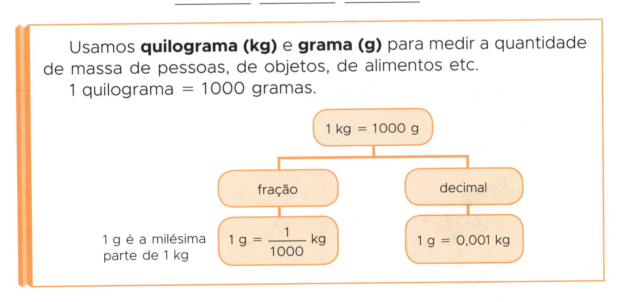

Usamos **quilograma (kg)** e **grama (g)** para medir a quantidade de massa de pessoas, de objetos, de alimentos etc.
1 quilograma = 1000 gramas.

1 kg = 1000 g

fração: $1g = \dfrac{1}{1000}$ kg

decimal: 1 g = 0,001 kg

1 g é a milésima parte de 1 kg

3. Pesquise e faça uma lista de quatro alimentos que podemos comprar em embalagens com exatamente 1 kg.

_____

• Converse com os colegas e o professor sobre coisas que pesam mais de 1 kg e coisas que pesam menos de 1 kg.

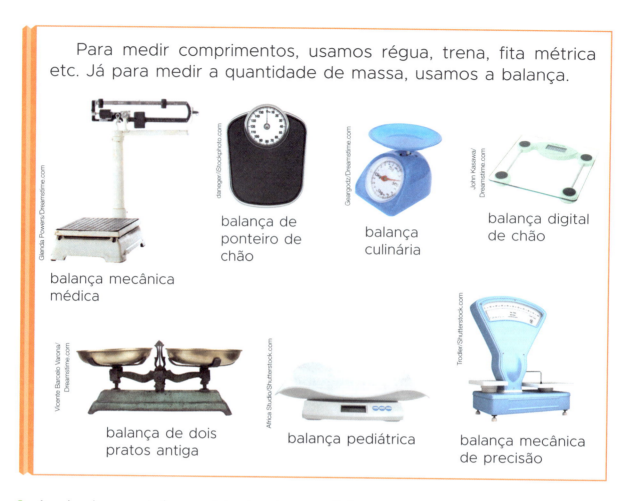

Para medir comprimentos, usamos régua, trena, fita métrica etc. Já para medir a quantidade de massa, usamos a balança.

balança mecânica médica

balança de ponteiro de chão

balança culinária

balança digital de chão

balança de dois pratos antiga

balança pediátrica

balança mecânica de precisão

4. Assinale qual é a unidade de medida mais adequada para medir a massa dos objetos a seguir. As imagens não estão representadas em proporção.

Objeto	Quilograma (kg)	Grama (g)

5. Complete com >, < ou =.

a) 900 g ___ 1 kg   c) 700 g ___ 0,7 kg   e) 650 g ___ 600 g

b) 600 g ___ 6 kg   d) 860 g ___ 8,6 kg   f) 300 g ___ 0,03 kg

6. Se 1 kg = 1000 g, calcule:

a) 0,5 kg = _____ g   d) 2 650 g = _____ kg

b) 1,2 kg = _____ g   e) 1,7 kg = _____ g

c) 1800 g = _____ kg   f) 1 050 g = _____ kg

Você já sabe que 1000 g equivalem a 1 kg. Mas que nome damos a 1000 kg? Pesquise e registre o que descobriu.

_____

7. Um caminhão transportou 3 caixas com 1000 pacotes de 1 kg de açúcar em cada uma. Quantas toneladas de açúcar foram transportadas?

_____

_____

8. Escreva a unidade de medida mais adequada para medir:

a)  c)   As imagens não estão representadas em proporção.

_____   _____

b)  d)

_____   _____

9. No esporte jiu-jítsu, a massa dos competidores determina a categoria em que cada um pode lutar. Veja a tabela para o campeonato masculino a seguir.

Categorias	Infanto-juvenil (14/15 anos)	Juvenil (16/17 anos)	Adulto (18/29 anos)
Galo	Até 44 kg	Até 53,5 kg	Até 58 kg
Pluma	Até 48 kg	Até 58,5 kg	Até 64 kg
Leve	Até 56,5 kg	Até 69 kg	Até 76 kg
Médio	Até 60,5 kg	Até 74 kg	Até 82,3 kg
Médio-pesado	Até 64,5 kg	Até 79,3 kg	Até 88,3 kg
Pesado	Até 69 kg	Até 84,3 kg	Até 94,3 kg
Superpesado	Até 73 kg	Até 89,3 kg	Até 100,5 kg
Pesadíssimo	Até 77 kg	+ 89,3 kg	+ 100,5 kg
Extra pesadíssimo	+ 77 kg	— — — — — —	— — — — — —

Disponível em: <http://cbjje.com.br/categorias/>. Acesso em: ago. 2017.

a) Ricardo tem 16 anos e pesa 0,500 kg a menos do que Luiz, que também tem 16 anos. Se Ricardo luta na categoria médio e pesa 73,700 kg, Luiz poderá lutar na mesma categoria? Justifique sua resposta.

b) Carlos pesa 59,950 kg e seu irmão mais velho, que também é lutador, pesa 450 g a mais do que ele. Quanto pesa o irmão de Carlos?

Coleção de problemas

1. Marília comprou um livro por R$ 33,50, um caderno por R$ 10,80 e uma caneta por R$ 2,50. Ela pagou sua conta com uma nota de 50 reais. Quanto Marília recebeu de troco?

___

2. Paulo foi à feira com uma sacola e trouxe nela 1,5 kg de batata, 500 g de beterraba e 800 g de tomate. Quantos quilogramas ele carregou na sacola?

___

3. Use as informações dos quadros para completar o problema. Depois, resolva-o.

| gramas | 88 kg | massa | 63 quilogramas |

Carolina pesa _____ e sua filha tem um terço de sua _____. As duas subiram juntas em uma balança, que marcou _____. Sabendo que Carolina carregava uma sacola, quantos _____ pesava o que ela estava carregando?

___

183

Retomada

1. Organize os números a seguir no quadro valor de lugar.

a) 389 mil

b) um milhão

c) setenta e cinco milhões, seiscentos e trinta e quatro mil

d) um mil

e) duzentos mil e dois

	Milhões			Milhares			Unidades simples		
	Centena de milhão	Dezena de milhão	Unidade de milhão	Centena de milhar	Dezena de milhar	Unidade de milhar	Centena	Dezena	Unidade
a)									
b)									
c)									
d)									
e)									

2. Leia o problema, escreva uma expressão numérica que o represente e resolva-o.

Tatiana vende frutas em uma barraca. Hoje ela colocou à venda 120 peras. De manhã vendeu 42; à tarde, 38; e à noite vendeu as que restavam. Quantas peras ela vendeu à noite?

3. Resolva as adições e subtrações com números decimais.

a) 7 + 1,8 + 9,3 = _____

b) 129 − 7,68 = _____

c) 6,4 + 301 + 2,86 = _____

d) 8,68 − 5,49 = _____

e) 29,3 + 5,02 + 0,5 = _____

f) 9,05 − 6,23 = _____

4. Márcia comprou meio quilograma de presunto, cem gramas de queijo e duzentos e cinquenta gramas de manteiga. Posicione os ingredientes, de acordo com a massa de cada um, na reta numerada. Siga a legenda:

5. Flávia e Poliana foram até a farmácia para se pesarem. Flávia subiu na balança.

a) Quanto pesa a mochila de Flávia? _____

b) Sabendo que a mochila de Poliana pesa 2,5 kg, quanto deveria marcar a balança se ela tivesse subido com a mochila nas costas?

_____

Periscópio

📖 Para ler

Neguinho brasileiro, de Luis Pimentel. Ilustrações de Víctor Tavares. Rio de Janeiro: Pallas Mini, 2014. Apaixonado pelo Brasil, depois de conhecer bem sua cidade natal, o Rio de Janeiro, Neguinho faz uma viagem pelo país para conhecer outros lugares que nunca havia visitado.

👆 Para acessar

Khan Academy: a ONG Khan Academy é uma organização que oferece material educacional gratuito para quem quiser estudar. Entre os vários cursos disponibilizados está o de Matemática, com vídeos para estudo e atividades para praticar. Disponível em: <https://pt.khanacademy.org/>. Acesso em: set. 2017.

Jogos digitais do *site* do IBGE: quebra-cabeça digital para montar mapas do mundo na tela. Disponíveis em: <http://7a12.ibge.gov.br/brincadeiras/quebra-cabeca-mapas>. Acesso em: set. 2017.

UNIDADE 7

O que mudou?

Observe as imagens desta página.

1. O que você pode notar nessas imagens? Elas são iguais?

_____

_____

Ângulos

Você já ouviu falar em giro 360 graus de *skate*? Sabe o que isso significa?

Manobra realizada em campeonato.

Observe nas imagens outras situações que podem ou não representar uma volta completa.

> A palavra "grau" se refere à unidade de medida utilizada para medir ângulos. Esta medida é indicada com o símbolo °, por exemplo, 360° (360 graus).

188

Veja instrumentos usados para medir e desenhar ângulos.

Transferidor.

Esquadro.

Compasso.

1. Você fará alguns movimentos para pensar sobre ângulos. Fique em pé, de frente para a lousa e faça os movimentos pedidos, sem sair do lugar. Quando terminar cada movimento, volte à posição original, isto é, de frente para lousa.

   a) Faça uma volta completa.

   b) Faça meia-volta.

   c) Faça um quarto de volta para a direita ou para a esquerda.

   • Em qual dos movimentos você ficou de costas para a lousa?
   _____

2. Se um giro ou uma volta completa mede 360 graus, quantos graus representa:

   a) meia-volta? _____

   b) $\frac{1}{4}$ de volta? _____

3. Uma volta completa representa quantas meias-voltas? _____

4. Represente, por meio de desenhos: uma volta completa, uma meia-volta e $\frac{1}{4}$ de volta.

Representação do ângulo

1. Usando dois canudos e um percevejo, faça a montagem a seguir.

a) Segurando um dos canudos, movimente o outro para obter as seguintes aberturas:

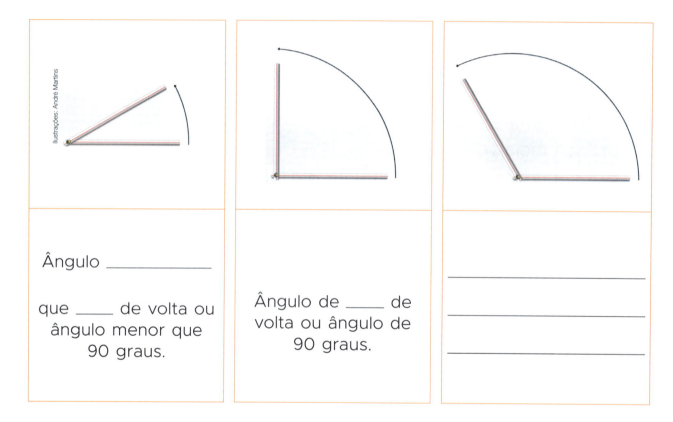

Ângulo _____

que ____ de volta ou ângulo menor que 90 graus.

Ângulo de ____ de volta ou ângulo de 90 graus.

_____
_____
_____
_____

b) Complete as informações que faltam no quadro acima.

> O ângulo menor que o reto é chamado **ângulo agudo**, e o ângulo maior que o reto e menor que o de meia-volta é chamado **ângulo obtuso**.

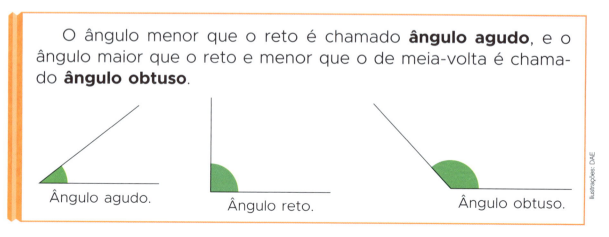

Ângulo agudo. Ângulo reto. Ângulo obtuso.

190

2. Em alguns casos, conseguimos perceber se um ângulo é reto, se é maior que o reto ou menor que o reto. Mas, para termos certeza da medida, é interessante usar um instrumento de medição. Um recurso para isso é o ângulo reto feito de dobradura. Veja.

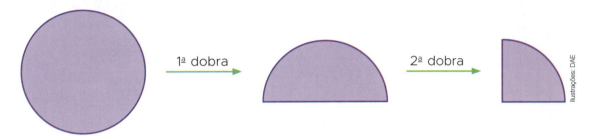

a) Faça um círculo com papel e depois dobre-o até obter um ângulo de 90 graus. Observe que para isso você precisará dobrar seu círculo na metade e depois na metade da metade, obtendo um quarto de círculo, que é igual a um quarto de giro.

b) Usando seu ângulo reto de papel, meça objetos que estão sobre sua mesa e na sala de aula e ajude seu professor a fazer uma lista daqueles objetos que têm ângulo reto, dos que têm ângulo agudo e dos que têm ângulo obtuso.

3. E se dividirmos mais o círculo? O que acontecerá? Como você deve dobrar o seu ângulo reto para obter um ângulo de 30 graus?

a) Construa outro ângulo reto e discuta com os colegas e o professor como vocês farão para obter o de 30°.

b) Agora verifique quantas vezes esse medidor, de 30°, cabe nos ângulos abaixo.

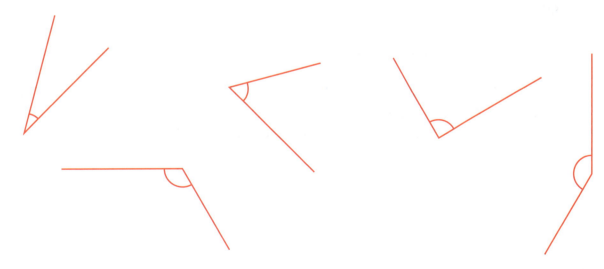

191

4. Usando seu medidor de 90°, marque com um **X** os polígonos que têm ângulo reto.

a)

b)

c)

d)

e)

f)

g)

h)

5. Quais das figuras têm ângulos agudos? E quais têm ângulos obtusos?

_____

6. Um colega faltou e você precisa explicar para ele o que aprendeu sobre a matéria de **ângulos**. Faça uma lista com as informações que você não pode esquecer de dizer a ele.

_____
_____
_____

Figuras congruentes

1. Breno e Cauã estão brincando de desenhar figuras. Nessa brincadeira, um dos membros da dupla faz o desenho de uma figura em malha pontilhada sem que o outro veja. Depois, descreve a figura para o colega desenhar em outra malha pontilhada. Ao terminarem, conferem as duas figuras para ver se elas são congruentes.

- O que você entendeu sobre figuras congruentes?

_____
_____
_____
_____

193

Uma figura geométrica é congruente quando tem o mesmo tamanho e a mesma forma de outra figura. Os lados e os ângulos correspondentes precisam ter a mesma medida.

Veja exemplos de figuras congruentes.

Muitas vezes, para conferir se uma figura é congruente à outra, é necessário girar a figura. Outra estratégia é tentar sobrepor uma à outra.

2. Descubra os pares de figuras congruentes abaixo. Para isso, copie as figuras coloridas usando papel vegetal, pinte-as e recorte-as. Depois, usando a sobreposição, veja qual figura não colorida pode ser sobreposta a uma figura colorida. Pinte da mesma cor as figuras que formarem pares.

- Agora, complete.

Ao sobrepor as figuras, você percebe que uma figura é congruente à outra se elas tiverem os _____ e os ângulos correspondentes com as mesmas medidas.

3. Ligue as figuras que são congruentes entre si.

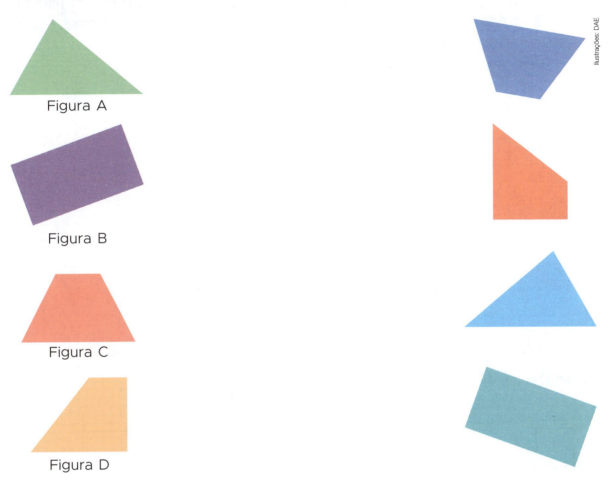

a) Escolha um dos pares de figuras ligadas e explique por que as duas figuras são congruentes.

_____
_____
_____

b) Considerando a figura escolhida no item anterior, explique por que ela não é congruente às figuras dos outros três pares de figuras.

_____
_____
_____
_____

195

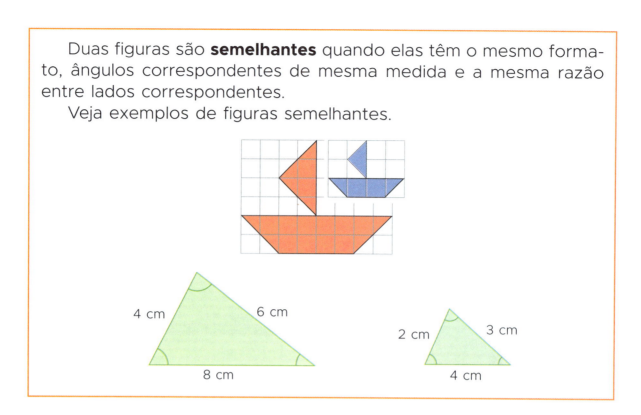

Duas figuras são **semelhantes** quando elas têm o mesmo formato, ângulos correspondentes de mesma medida e a mesma razão entre lados correspondentes.

Veja exemplos de figuras semelhantes.

4. Pinte as figuras semelhantes da mesma cor.

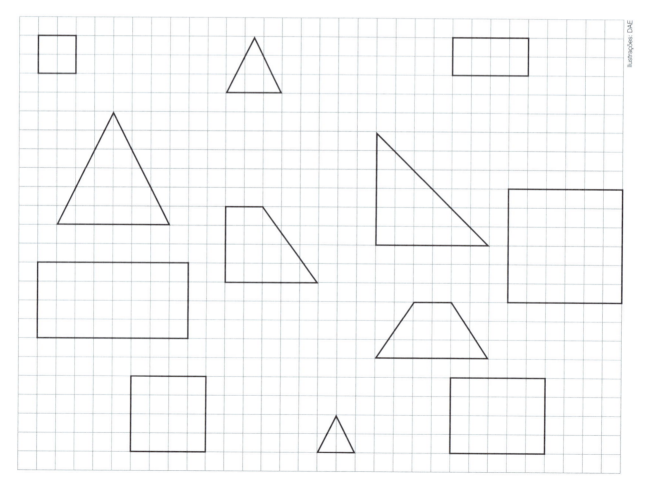

196

5. Veja como você pode fazer figuras congruentes em um *software* editor de texto:

1. Na aba **Inserir**, clique em **Formas** e escolha uma figura para desenhar.	**2.** A figura que você escolher aparecerá na tela. Usando o *mouse* e a tecla *Shift*, você pode ampliar ou reduzir a figura. Faça seu desenho. 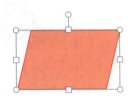
3. Clique na aba **Página inicial**. Depois, clique sobre a figura e, com o botão direito do *mouse*, dê outro clique sobre a figura. Na caixa que aparecerá, escolha a opção **Copiar**.	**4.** Ainda com a aba **Página inicial** selecionada, clique em **Colar**. Sua figura será reproduzida na tela. Se quiser reproduzir mais de uma figura, basta clicar em **Colar** mais uma vez. 
5. Cole quantas figuras congruentes desejar. 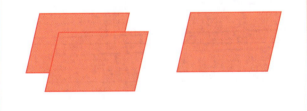	**6.** Você também pode mudar a posição da figura e garantir que ela seja congruente à primeira figura. Posicione o *mouse* no vértice da figura, e aparecerá uma seta que indica o movimento de giro. Você pode girar a figura como desejar sem alterar a medida de seus ângulos e lados. 

- Agora é com você! Usando um editor de texto, desenhe diferentes figuras congruentes e mostre-as aos colegas.

Igualdades

A balança a seguir está em equilíbrio porque os dois lados têm a mesma quantidade de triângulos e todos têm a mesma massa.

Podemos representar esse equilíbrio de forma numérica também. Veja.

Perceba que usamos o sinal = (igual) para demonstrar essa igualdade. Ele serve para comunicar uma equivalência.

- Consulte o significado da palavra **equivalência** no dicionário. Que outras expressões se referem a essa palavra? Troque ideias com os colegas.

1. O que aconteceria se retirássemos um triângulo somente de um lado? A igualdade se manteria? Por quê?

_____

_____

2. Ainda pensando na balança, se tivéssemos que tirar ou acrescentar triângulos, o que precisaríamos fazer para conseguir o equilíbrio, ou seja, manter uma igualdade?

_____

_____

3. Descubra os resultados.

Se 20 + 12 = 32, qual é o resultado de:	Se 40 − 10 = 30, qual é o resultado de
21 + 12 = _____	40 − 20 = _____
22 + 12 = _____	40 − 30 = _____
10 + 12 = _____	30 − 10 = _____
20 + 22 = _____	20 − 10 = _____
	39 − 9 = _____
	35 − 5 = _____
	32 − 2 = _____
	30 − 0 = _____

- Vamos ver se esse princípio das igualdades também vale para multiplicação e divisão?

4. Escreva de todas as formas possíveis 8 × 4 como uma multiplicação de dois números.

_____

5. Escreva **64 ÷ 8** de todas as formas possíveis como uma divisão de 2 números naturais.

_____

6. Verifique se as igualdades são verdadeiras e contorne a operação que não representa uma igualdade.

a) 4 × (5 + 2) = 4 × (6 + 1)   c) (8 + 8) ÷ 2 = (2 × 8) ÷ 2
b) 5 × (3 + 3) = 5 × (5 + 1)   d) 5 × (5 + 20) = 5 × (16 + 8)

- Corrija a igualdade que você contornou, tornando-a verdadeira.

_____

_____

Proporcionalidade e razão

Resolva individualmente o problema abaixo. Depois, compartilhe com um colega.

1. Carmem comprou 6 latas de creme de leite por R$ 13,50.

   a) Quanto Carmem gastaria se tivesse comprado 15 latas de creme de leite?

   _____

   b) E se tivesse comprado o dobro de latinhas?

   _____

   c) E o triplo?

   _____

2. Um carro percorre 310 km em 3 horas (com velocidade constante). Quantos quilômetros percorrerá em 6 horas? E em 9 horas?

3. Pensei em uma quantidade de figurinhas, dividi essa quantidade igualmente entre mim e você. Eu fiquei com 80 e você com _____.

4. Participaram, em um festival de dança, 98 pessoas. Entre elas, 43 eram mulheres, 15 eram crianças e o restante eram homens. Represente essas quantidades com frações em relação ao total de pessoas.

a) a quantidade de mulheres: _____

b) a quantidade de crianças: _____

c) a quantidade de homens: _____

d) a quantidade de adultos: _____

5. No festival, os três primeiros colocados dividiram um prêmio de R$ 5.000,00. O terceiro colocado ficou com $\frac{1}{5}$ dessa quantia, o segundo colocado ficou com $\frac{1}{4}$ da quantia e o 1º colocado ficou com o restante.
- Quanto cada um recebeu?

201

Grandezas e medidas

1. O que você sabe sobre medidas de capacidade? _____
   _____
   _____

2. Faça um desenho de cada objeto apresentado por seu professor e anote uma estimativa da capacidade de cada recipiente.

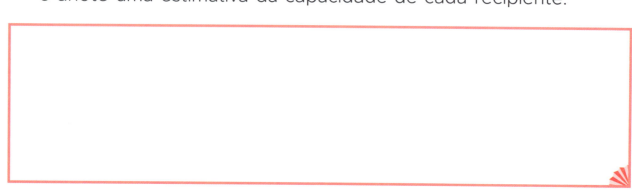

Recipiente	Estimativa da capacidade

3. Confira a capacidade de cada objeto. Suas estimativas estavam próximas do indicado em cada recipiente?
   _____

4. Quais deles apresentam capacidade maior que 1 litro? E menor?

5. Transforme as capacidades em litros para mililitros. Considere que 1 litro é igual a 1000 mL.

   • 1 litro = _____ mL   • 18 000 litros = _____ mL

   • 499 litros = _____ mL   • 2 500 litros = _____ mL

202

6. Leia alguns trechos de uma notícia.

Água invisível: como a produção de alimentos – e até de celulares – pode reduzir as reservas de água

Segundo dados da ONU, **cada pessoa consome diariamente de 2 a 5 mil litros de "água invisível"** contida nos alimentos. Para chegar a esses números, os pesquisadores analisam toda a cadeia de produção de um bem de consumo, com cálculos baseados em padrões que variam conforme os processos e a região de cada produtor. Por esses cálculos, **uma única maçã, por exemplo, consome 125 litros de água para ser produzida** [...].

E a "água invisível" não está presente apenas na produção de alimentos. De acordo com pesquisa da Mind your Step [...], **a produção de um único smartphone consome cerca de 12 760 litros de água**, valor equivalente à quantidade transportada por um caminhão-pipa médio.

Um item básico no guarda-roupa de todo brasileiro é a **calça jeans**. Para produzir uma simples unidade são consumidos **10 850 litros de água** durante toda a cadeia de produção – **quantidade suficiente para suprir o consumo de uma residência média no Brasil por mais de três meses**. Essa quantidade contabiliza desde a água gasta na irrigação do algodoeiro, material usado para fabricar o tecido, até a água da confecção da peça.

Você sabia? Se toda a água da Terra coubesse em uma garrafa de 1 litro, a água doce disponível equivaleria a pouco mais de uma gota!

Disponível em: <www.akatu.org.br/releases/agua-invisivel-como-a-producao-de-alimentos-e-ate-de-celulares-pode-reduzir-as-reservas-de-agua-2/>. Acesso em: jan. 2018.

a) Converse com os colegas e o professor sobre o significado da expressão "água invisível" apresentada no texto.

b) Grife no texto a quantidade de "água invisível" que é utilizada na produção de uma única maçã, de um único *smartphone* e de uma calça jeans.

c) Calcule a quantidade de água que é gasta, aproximadamente, na produção de mil *smartphones*.

203

Probabilidade

1. A professora Silvana, do 5º ano, conversou com os alunos sobre a importância da escolha de 2 representantes de classe. Para isso, foram levantadas, e escritas no quadro, as principais características que um representante de classe precisa ter para desempenhar bem o seu papel no grupo e na escola.

   • Maria Clara, Lívia, João, Francisco, Olavo, Alessandra, Eric e Ana quiseram se candidatar. Cada um escreveu seu nome em um papel, que foi colocado em uma caixa para o sorteio.

   a) Entre as crianças que se candidataram, alguém tem maior ou menor chance de ser sorteado?

   _____

   b) Qual é a chance de cada um ser sorteado para ser representante?

   _____

   c) Imagine que Maria Clara foi escolhida como uma das representantes da turma. Indique todas as possibilidades de ela compor dupla com o outro representante da classe.

   { Maria Clara e Lívia   { Maria Clara e João   { Maria Clara e _____

   { Maria Clara e _____   { _____ e _____

   { _____ e _____   { _____ e _____

Coleção de problemas

1. Caio está lendo um livro de 340 páginas. Ele leu $\frac{1}{4}$ do livro na segunda-feira e $\frac{1}{2}$ na terça-feira. Ele disse que falta apenas $\frac{1}{4}$ para terminar todo o livro. Quantas páginas Caio leu em cada dia?

2. Um reservatório está cheio até $\frac{2}{4}$ da sua capacidade total. Faltam, ainda, 30 litros para encher o reservatório. Qual é a capacidade total desse reservatório.

3. (Obmep) Em uma caixa havia seis bolas, sendo três vermelhas, duas brancas e uma preta. Renato retirou quatro bolas da caixa. Qual afirmação a respeito das bolas retiradas é correta?
a) Pelo menos uma bola é preta.
b) Pelo menos uma bola é branca.
c) Pelo menos uma bola é vermelha.
d) No máximo duas bolas são vermelhas.
e) No máximo uma bola é branca.

4. Um caminhão levará 1850 sacos de cimento para uma construção. Esse caminhão pode transportar, em cada viagem, até 200 sacos. Quantas viagens serão necessárias para levar essa quantidade de sacos de cimento?

Retomada

1. Pinte com cores iguais as figuras congruentes.

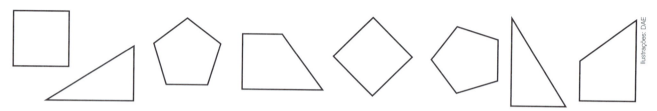

2. Relacione o ângulo com a medida correspondente.

45 graus

180 graus

90 graus

360 graus

3. Qual dos ângulos acima representa:

a) uma volta completa? _____

b) meia-volta? _____

c) $\frac{1}{4}$ de volta? _____

d) um ângulo agudo? _____

4. José fez os dois desenhos abaixo e disse que as figuras verdes são congruentes e as figuras vermelhas são semelhantes. Por que você acha que ele disse isso?

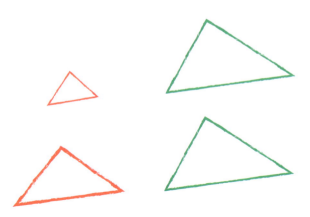

5. Quatro irmãos dividiram igualmente 45 reais que juntaram durante 1 semana. Quanto cada um recebeu? Com que fração podemos representar essa quantidade?

6. Contorne, em cada par, a maior fração.

a) $\dfrac{1}{4}$ ou $\dfrac{2}{3}$ b) $\dfrac{3}{4}$ ou $\dfrac{3}{5}$ c) $\dfrac{6}{8}$ ou $\dfrac{6}{10}$ d) $\dfrac{1}{6}$ ou $\dfrac{1}{8}$

7. Com 2 tipos de máscaras e 5 perucas, de quantas maneiras diferentes posso me fantasiar? Relacione os desenhos para responder.

8. Complete as igualdades para que sejam verdadeiras.

a) 7 + 7 = _____ + _____

b) 25 ÷ (2 + 3) = 25 ÷ (_____ + _____)

c) 49 ÷ (5 + 7) = 49 ÷ (_____ − _____)

d) 6 × (152 − 2) = 6 × (1000 − _____)

Construir um mundo melhor

🔖 Recurso precioso

Com frequência – na tevê, no rádio ou na internet – obtemos notícias sobre a escassez de água. Mas nem sempre lembramos que, para haver água potável, não basta chover regularmente. Produzir água tratada é um processo caro!

Você já procurou saber quanto sua família gasta de água por mês? O preço da água depende de vários fatores, mas dá para saber quantos litros se gasta observando com atenção a conta de água.

Uma boa maneira de pensar no seu consumo pessoal é dividir a quantidade de litros pelo número de pessoas que moram na casa. Mas isso não é suficiente, já que você também consome água por meio dos alimentos e produtos industrializados. Sem falar da água que você consome na escola para beber, lavar as mãos e dar descargas.

Que tal pedir ajuda do seu professor para obter uma conta de água da escola e descobrir o número aproximado de alunos e funcionários? Depois vocês dividem a quantidade de litros pelo número de pessoas e talvez se surpreendam com os valores do consumo por pessoa.

Organizem-se em grupos de 3 ou 4 alunos e elaborem propostas de atitudes que podem contribuir para diminuir o consumo de água na escola e em casa. Num dia combinado, apresentem os cartazes para a coordenação da escola e vejam se é possível implementar essas propostas juntamente com as outras turmas.

Vamos economizar a água do planeta e diminuir os gastos com seu consumo? Mãos à obra!

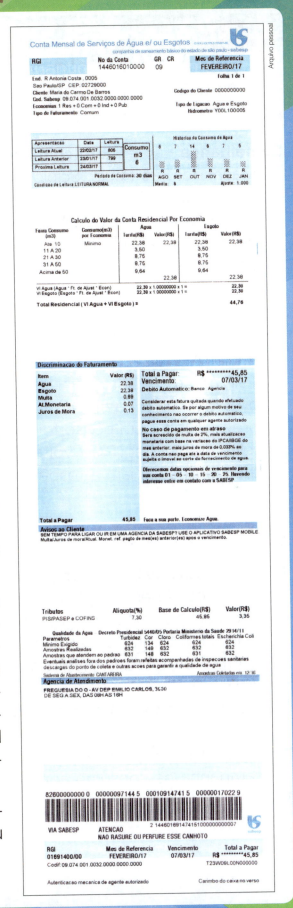

Arquivo pessoal

Periscópio

📖 Para ler

Semelhança não é mera coincidência, de Nílson José Machado. São Paulo: Scipione, 1996. (Vivendo a Matemática).
O livro trata, com detalhes e com aplicações práticas, de conceitos de manutenção da forma, proporcionalidade e escala.

Em busca das coordenadas, de Ernesto Rosa Neto. São Paulo: Ática, 2001.
Telma, Itiro e Caíto viveram uma aventura no espaço pilotando uma aeronave. Visitaram a Lua, Marte e, ao precisar fazer um pouso forçado, desceram em um satélite de Júpiter. Para voltar à Terra, precisaram usar tudo o que sabiam a respeito de coordenadas.

👆 Para acessar

Números decimais escritos por extenso (centésimos): vídeo com explicações bem simples, didáticas e detalhadas de como escrever decimais por extenso. Disponível em: <https://pt.khanacademy.org/math/cc-fifth-grade-math/cc-5th-place-value-decimals-top/cc-5th-written-form-decimal/v/decimal-place-value-2>. Acesso em: 30 set. 2017.

Turma da Mônica – Diário do Limoeiro: notícia sobre uma campanha de consumo consciente realizada pela Turma da Mônica. Disponível em: <http://turmadamonica.uol.com.br/turma-da-monica-protagoniza-campanha-de-consumo-consciente/>. Acesso em: 30 set. 2017.

Porcentagem

1. Observe a cena.

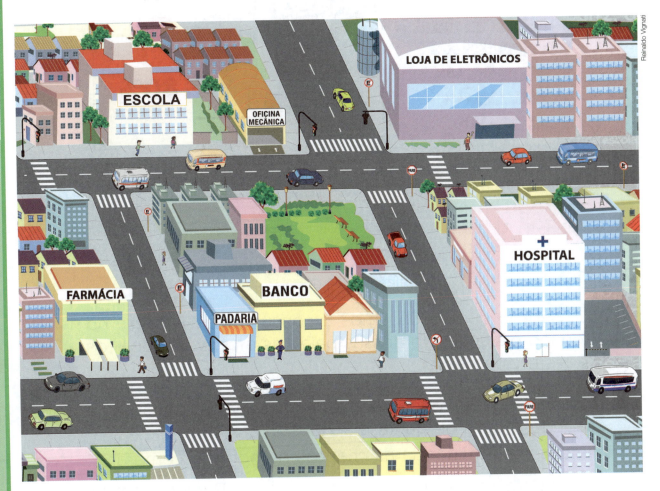

Circule os locais relacionados às frases:
- Todos os medicamentos com 50% de desconto.
- Participaram do campeonato de basquete 25% dos alunos.
- Nesta semana, eletrônicos com 20% de desconto.

Novo símbolo: porcentagem (%)

1. O que influencia as crianças na hora de comprar? Uma pesquisa foi feita com uso de múltiplas respostas, isto é, a mesma criança pode indicar mais de uma resposta entre as possibilidades de escolha. O gráfico de barras a seguir apresenta o resultado.

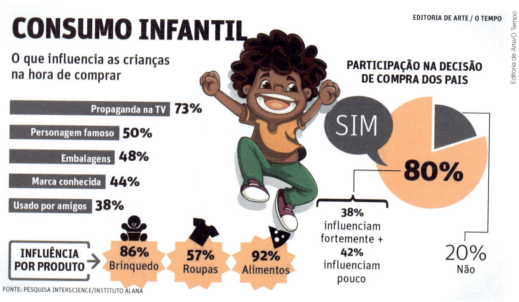

Disponível em: <www.otempo.com.br/infogr%C3%A1ficos/consumo-infantil-1.753001>. Acesso em: set. 2017.

2. Qual é o título do gráfico? _____

3. Você sabe o que é consumo? E consumismo? Procure no dicionário o significado dessas palavras e converse com os colegas e o professor.

4. De acordo com os dados do gráfico, assinale a opção que melhor responde a cada pergunta a seguir.

   a) O que mais influencia as crianças na hora de comprar?

   ☐ Marca conhecida.   ☐ Personagem famoso.
   ☐ O que é usado por amigos.   ☐ Propaganda na TV.
   ☐ Tipo de embalagem.

   b) Que tipo de produto mais influencia as crianças?

   ☐ Alimentos.   ☐ Brinquedos.   ☐ Roupas.

212

5. Todos os números do gráfico vêm acompanhados de um símbolo. Que símbolo é esse? _____

6. Você sabe dizer o que esse símbolo (**%**) representa? _____

7. Você já viu esse símbolo em outras situações? Quais? _____

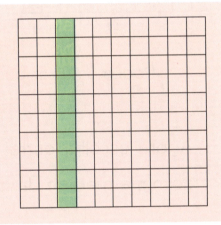

O símbolo **%**, que aparece nos números do gráfico, e que você já deve ter visto também em outras situações, é o símbolo de porcentagem ou percentagem. A palavra **porcentagem** significa "por cem" ou "por cento".

Vamos pensar sobre o que isso significa.

Se temos um quadrado grande dividido em 100 pedaços iguais e precisamos pintar 10% (10 por cento) desse quadrado, significa que temos que pintar 10 pedaços de 100 ou $\frac{10}{100}$ ou a décima parte do quadrado grande.

Se eu colorir 1 pedaço, tenho representado 1% (um por cento) do quadrado grande ou $\frac{1}{100}$ ou 0,01.

E se eu tivesse colorido a quantidade de quadradinhos mostrada ao lado? Como deveria representar a parte pintada em relação ao quadrado grande? ____ % ou _____ ou 0,03.

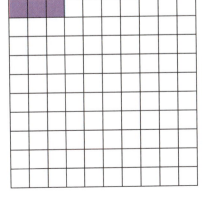

213

8. Agora é sua vez!

a) Pinte metade $\left(\dfrac{1}{2}\right)$ dos pedaços do quadrado grande a seguir.

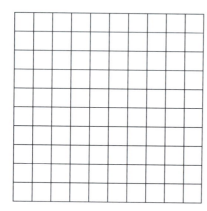

- A parte que você pintou representa _____ % do quadrado grande ou _____ ou 0,50 ou 0,5.

Podemos dizer que $\dfrac{1}{2} = 50\% = \dfrac{50}{100} = 0,50 = 0,5$.

b) Agora escolha outra cor e pinte, no mesmo quadrado grande acima, a metade da metade dele, ou seja, $\dfrac{1}{4}$ da figura.

- A parte que você pintou representa _____ % do quadrado grande ou _____ ou 0,25.

Podemos dizer que $\dfrac{1}{4} = 25\% = \dfrac{25}{100} = 0,25$.

9. A parte colorida representa:

a)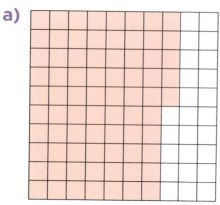

_____ % ou _____ ou _____

214

b)

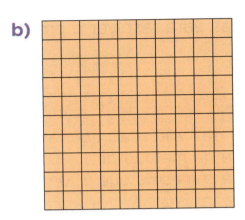

_____ % ou _____ ou 1 inteiro.

- Portanto, quando pensamos em porcentagem, pensamos em grupos de 100. Se 73% das crianças são influenciadas pela TV, de acordo com a pesquisa do começo dessa unidade, significa que, de cada 100 crianças, 73 são influenciadas pela TV na hora de comprar. Então, pinte 73% do quadrado abaixo.

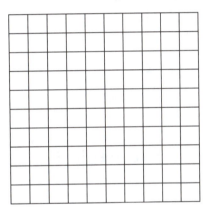

Problemas com porcentagem

1. Leia o problema a seguir e registre como você pensou para resolvê-lo.

> Carlos economizou R$ 100,00 por mês durante um ano. Dessa quantia, ele guardava sempre 75% na poupança e usava 25% para lazer.
> Que quantia Carlos guardou na poupança? E quanto ele usou para lazer?

_____
_____
_____
_____

215

2. Agora observe duas estratégias utilizadas para resolver o problema da página anterior.

Estratégia A

Um ano tem 12 meses, logo:
12 × 100 = 1200; 1200 reais

50% de 1200 = $\frac{1}{2}$ de 1200 = 600; 600 reais

25% de 1200 = $\frac{1}{4}$ de 1200 = 300; 300 reais

Então 50% de 1200 + 25% de 1200 é igual a 75% de 1200, ou seja, 600 + 300 = 900; 900 reais.

Carlos guardou 900 reais na poupança.

25% de 1200 reais equivale à metade da metade de 1200 reais, que é o mesmo que 300 reais

Carlos usou R$ 300,00 para lazer.

Estratégia B

Um ano tem 12 meses, logo:
12 × 100 = 1200; 1200 reais

1% de 1200 reais = 1200 ÷ 100 = 12; 12 reais

75% de 1200 = 75 × 12 = 900; 900 reais

Carlos guardou 900 reais na poupança.

Se 1% de 1200 reais equivale a 12 reais, então: 25% de 1200 = 12 × 25 = 300; 300 reais. Carlos usou R$ 300,00 para lazer.

a) A estratégia que você usou foi parecida com alguma dessas ou com alguma estratégia utilizada por outros colegas?

_____
_____
_____

b) Em dupla, analisem as duas estratégias e anotem o que vocês entenderam sobre os cálculos feitos em cada uma delas para chegar aos resultados.

Na estratégia A	
Na estratégia B	

3. Veja se Enrico fez o cálculo correto na situação abaixo:

> Enrico tem 10 anos e acompanhou o pai dele na compra de uma televisão. Na loja, o preço da TV era R$ 1.400,00. Se o pai dele optasse pelo pagamento à vista, teria um desconto de 10%. Veja como Enrico pensou para saber quanto seu pai pagaria pela TV se a comprasse à vista:
> 1400 − 10 = 1390; R$ 1.390,00

a) Você concorda com o cálculo de Enrico? Justifique sua resposta.

_____

_____

b) Se o desconto fosse de 20%, qual seria o valor final da TV?

_____

4. Em uma escola estudam 1600 alunos. Se 45% dos alunos são meninos, qual é a porcentagem de meninas que estudam nessa escola?

_____

• Qual é a quantidade de meninas e de meninos?

_____

217

Calculadora

1. Você sabe o que significa a palavra **acréscimo**? E **desconto**? Converse com os colegas e o professor.

2. Leia o problema a seguir e veja como podemos usar a calculadora para calcular porcentagens.

   Um produto custa R$ 1.500,00 e teve um acréscimo de 20%. Quanto esse produto passou a custar?

   • Na calculadora, fazemos:

   • 1500 + 20% = 1800; 1800 reais

   ou

   • Primeiro descobrimos quanto é 20% de 1500, fazendo

   • 1500 × 20%, que resulta em 300; e depois fazemos a adição 1500 + 300, que dá 1800, ou seja, 1800 reais.

   ou

   • Consideramos que 10% é o mesmo que $\frac{1}{10}$, que é igual a 150 reais. Portanto, 20% de 1500 será o dobro, ou seja: 2 × 150 = 300; 300 reais.

   Portanto, 1500 + 300 = 1800; 1800 reais.

3. Calcule os preços abaixo com os acréscimos ou descontos dados e anote-os na tabela.

Preços	Acréscimo de 10%	Acréscimo de 15%	Desconto 20%	Desconto de 25%
R$ 7,00				
R$ 90,00				
R$ 140,00				

Frações

1. Localize na reta numérica as frações a seguir.

   a) $\dfrac{1}{2}$ b) $\dfrac{4}{4}$ c) $\dfrac{3}{4}$ d) $\dfrac{1}{4}$

2. Para cada item a seguir, contorne a reta em que a fração destacada está localizada corretamente.

   a)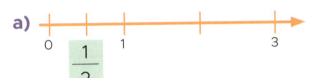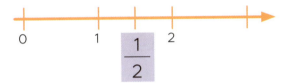

   b)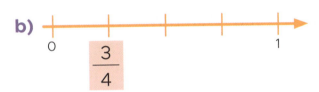

3. Decomponha as frações a seguir e indique quantos inteiros existem para cada uma delas.

   a) $\dfrac{16}{4} = \underline{} + \underline{} + \underline{} + \underline{} \longrightarrow$ ____ inteiros

   b) $\dfrac{13}{6} = \underline{} + \underline{} + \underline{} \longrightarrow$ ____ inteiros

   c) $\dfrac{14}{8} = \underline{} + \underline{} \longrightarrow$ ____ inteiro

4. Veja como dois alunos representaram a fração $\dfrac{16}{4}$. Assinale a representação correta.

   a)   b)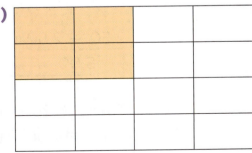

Multiplicação com números decimais

1. Leia o problema e faça uma estimativa de quanto Ana gastou.

   a) Ana foi ao supermercado e comprou 5 caixas de leite e 6 pacotes de macarrão. Cada caixa de leite custou R$ 3,25 e cada pacote de macarrão, R$ 2,50. Estime quanto Ana gastou.

   Estimativa:

   ☐ entre 10 e 20 reais.   ☐ entre 30 e 40 reais.

   ☐ entre 20 e 30 reais.

   • Justifique a escolha da alternativa e compartilhe com os colegas.

   _____

   _____

   b) Resolva o problema e confira se sua estimativa aproximou-se do resultado.

   _____

2. Observe duas maneiras diferentes de resolver o problema da **atividade 1**.

   1ª maneira

   leite

   $\underbrace{3{,}25 + 3{,}25}_{6{,}50} + \underbrace{3{,}25 + 3{,}25}_{6{,}50} + 3{,}25 =$

   $\underbrace{13{,}00 + 3{,}25}_{16{,}25} + 3{,}25 =$

   macarrão

   $\underbrace{2{,}50 + 2{,}50}_{5{,}00} + \underbrace{2{,}50 + 2{,}50}_{5{,}00} + \underbrace{2{,}50 + 2{,}50}_{5{,}00}$

   $15{,}00$

   Total: 16,25 + 15,00 = 31,25

   Ana gastou R$ 31,25.

2ª maneira

leite	macarrão	
$\overset{1}{3},\overset{2}{2}\ 5$	$\overset{3}{2},\ 5\ 0$	$\overset{1}{1}\ 6,\ 2\ 5$
$\times\qquad\ \ 5$	$\times\qquad\ \ 6$	$+\ 1\ 5,\ 0\ 0$
$1\ 6,\ 2\ 5$	$1\ 5,\ 0\ 0$	$3\ 1,\ 2\ 5$

Ana gastou R$ 31,25.

- Qual(is) diferença(s) você percebeu entre as duas maneiras de resolver?

_____

_____

_____

3. E entre essas duas multiplicações, o que há de diferente?

$$\begin{array}{r} \overset{1}{3}\ \overset{2}{2}\ 5 \\ \times\qquad 5 \\ \hline 1\ 6\ 2\ 5 \end{array} \qquad \begin{array}{r} \overset{1}{3},\overset{2}{2}\ 5 \\ \times\qquad 5 \\ \hline 1\ 6,\ 2\ 5 \end{array}$$

_____

_____

_____

4. Sem utilizar o algoritmo convencional (conta armada), pense em valores aproximados para os resultados das multiplicações a seguir.

a) 8 × 5,45 = _____

b) 4 × 8,4 = _____

c) 2 × 86,2 = _____

d) 6 × 1235,23 = _____

221

Multiplicação de números decimais por 10, 100 ou 1000

1. Resolva as multiplicações e, em seguida, coloque os resultados no quadro com as ordens do Sistema de Numeração Decimal.

   4 × 10 = _____   4 × 100 = _____   4 × 1000 = _____

   45 × 10 = _____   45 × 100 = _____   45 × 1000 = _____

	CM	DM	UM	C	D	U	
						4	
							10 ×
							100 ×
							1000 ×
					4	5	
							10 ×
							100 ×
							1000 ×

2. O que você observa em relação ao algarismo 4 nas multiplicações por 10, 100 e 1000?

   _____
   _____

3. Resolva as multiplicações a seguir com um colega.

   3,25 × 10 = _____   3,25 × 100 = _____   3,25 × 1000 = _____

   • Como vocês pensaram para resolver essas multiplicações?

   _____
   _____

Divisão com números decimais no quociente

1. Você tem R$ 75,00 para dividir igualmente entre 6 pessoas. Quanto cada uma receberá?

   a) Primeiro faça uma estimativa e registre como você pensou.

   _____

   _____

   b) Junte-se a um colega para resolver o problema utilizando uma estratégia diferente do algoritmo convencional (conta armada).

   _____

   _____

2. Resolva os problemas da maneira que preferir.

   a) Para decorar uma festa, foram comprados 75 m de tecido para fazer 6 bandeiras iguais. Quanto de tecido foi usado para fazer cada bandeira?

   _____

   b) Foram utilizados 75 kg de farinha de trigo para fazer 6 bolos iguais que serão oferecidos em comunidades carentes no Natal. Calcule quantos quilos de farinha foram usados para cada bolo.

   _____

   - O que os problemas dos itens **a** e **b** têm em comum?

   _____

   _____

3. Observe como funciona a divisão abaixo, a qual também poderia ser utilizada para resolver os problemas da página anterior.

```
7 5  | 6
6    | 1 2,5
1 5
1 2
  3 0
  3 0
  0 0
```

- Dividimos sete dezenas por 6. Teremos 1 dezena para cada pessoa e sobra 1.
- Como 1 dezena não dá para dividir por 6, trocamos por 10 unidades e juntamos com 5 unidades já existentes. Agora temos 15 unidades para dividir por 6. Teremos 2 unidades para cada um e sobram 3.
- Poderíamos parar a conta por aqui deixando o número 3 como resto, no entanto ainda é possível continuar dividindo.
- Precisamos colocar a vírgula no quociente para separar a parte decimal da parte inteira e trocamos cada unidade por 10 décimos, totalizando 30 décimos.
- Você deve estar pensando: "Mas de onde veio esse zero?"

Observe que na divisão 75 ÷ 6, o número 75 poderia estar escrito dessa forma:

75,0 ou ainda 75,00 ou 75,000

- Portanto, o zero que usamos vem da casa dos decimais. Agora, podemos dividir 30 centésimos por 6, que tem como resultado 50 centésimos ou 5 décimos.

```
D U dc
7 5, 0 | 6
6      | 1 2,5
1 5
1 2
  3 0
  3 0
  0 0
```

Os procedimentos utilizados para resolver a conta de divisão com o quociente decimal são os mesmos que você aprendeu para resolver divisões com números naturais.

4. Resolva.

a) 56 ÷ 5 = _____

b) 35 ÷ 2 = _____

c) 14 ÷ 8 = _____

Sempre posso dividir o que restou?

1. Leia e resolva cada situação-problema.

   a) Uma fábrica de embalagens produziu 897 embalagens. Todas foram guardadas em 6 caixas, com o mesmo número de embalagens. Quantas embalagens ficaram em cada caixa?

   b) Em uma indústria, 897 metros de arame serão utilizados para fazer 6 rolos com a mesma quantidade de arame. Quantos metros tem cada rolo de arame?

   c) Camila e suas 3 irmãs juntaram todos os brinquedos com os quais não brincam mais e que estão em bom estado para fazer uma doação. Elas conseguiram organizar 45 brinquedos que serão doados para 6 crianças. Todas receberão a mesma quantidade de brinquedos. Quantos brinquedos cada criança receberá?

   d) Para a organização de uma festa de final de ano, 45 litros de suco de laranja serão guardados em 6 garrafões. Qual a quantidade de litros em cada garrafão?

   e) Com 171 lápis eu consigo completar quantas caixas com 12 lápis?

2. Em qual(is) problema(s) não foi possível continuar dividindo o resto? Explique.

3. O que você faria com o que sobrou nesses casos?

Educação financeira

1. Procure no dicionário o significado das palavras consumir e supérfluo e registre-os abaixo.

   _____
   _____
   _____

2. Faça o que se pede.
   a) Liste dez alimentos que você consome diariamente.

   _____
   _____

   b) Você costuma comprar tudo o que quer? Por quê?

   _____
   _____

3. Faça uma lista de produtos que você considera necessários para viver bem e daqueles que considera supérfluos. Depois compare com as listas dos colegas e converse com eles a respeito disso.

Produtos necessários	Produtos supérfluos

4. Pesquise e anote quais itens fazem parte da cesta básica de um trabalhador brasileiro. Por que você acha que esses produtos são considerados essenciais?

   _____
   _____
   _____

5. Atualmente, existe alguma propaganda que, em sua opinião, foi feita para chamar a atenção das crianças? Que produto essa propaganda quer vender? Você considera a propaganda adequada? Explique sua resposta e depois troque ideias com os colegas.

_____

_____

_____

6. Você sabia que em 15 de outubro é comemorado o Dia do Consumo Consciente?

A data, instituída pelo Ministério do Meio Ambiente em 2009, tem como objetivo conscientizar os brasileiros sobre os impactos do processo de produção e do consumo no meio ambiente e na sociedade. Quando as pessoas consomem desenfreadamente, os recursos naturais, como a água, vão se esgotando e o planeta perde sua habilidade de regeneração. Segundo dados do Ministério do Meio Ambiente, atualmente a humanidade consome 30% mais recursos naturais do que a capacidade de renovação da Terra.

Hoje é o Dia do Consumo Consciente. *Organics News Brasil*, 15 out. 2016. Disponível em: <https://organicsnewsbrasil.com.br/hoje-e-dia-de/hoje-e-o-dia-do-consumo-consciente>. Acesso em: abr. 2018.

a) Em sua opinião, qual é a relação da frase abaixo com o consumo consciente?

> **CONSUMA PARA VIVER
> NÃO VIVA PARA CONSUMIR**

Mês do Consumo Consciente tem ações que mostram crescimento da atenção ao tema. Akatu. Disponível em: <www.akatu.org.br/noticia/mes-consumo-consciente-acoes-crescimento-atencao-ao-tema>. Acesso em: abr. 2018.

_____

_____

7. Assista ao vídeo sobre consumo consciente que o professor exibirá. Depois troque ideias com os colegas e o professor sobre quais problemas são gerados pelo excesso de consumo em nosso planeta.

227

Corpos redondos

Você conhece as figuras geométricas espaciais representadas ao lado?

Uma delas se chama cilindro, a outra cone e a outra esfera.

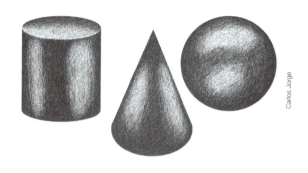

Se você observar com atenção, verá que a seu redor há objetos que se assemelham a essas figuras geométricas espaciais. Vamos procurar?

1. Procure em sua sala de aula, e fora dela, objetos que se assemelham à esfera, ao cone e ao cilindro.

2. Recorte do **Material complementar**, da página 253, a planificação das superfícies do cone e do cilindro e monte as duas figuras geométricas espaciais.

   • Observe como essas figuras são. Elas têm alguma superfície plana? Apoie-as no espaço abaixo e contorne a base de cada uma.

A esfera, o cone e o cilindro são chamados de **corpos redondos**, pois têm superfície curva.

O cilindro tem duas superfícies planas, o cone tem uma superfície plana e a esfera não tem nenhuma superfície plana. Tanto as superfícies planas do cilindro como a do cone são chamadas de bases e têm formato de círculo.

3. Observe os objetos abaixo. Ligue cada um à figura geométrica espacial com a qual se parecem.

4. Pinte:
- de amarelo, as características do cilindro;
- de azul, as características do cone;
- de verde, as características do cilindro e do cone.

Tem apenas uma base.	Tem um vértice.
Tem duas bases.	Sua superfície lateral é curva.
Sua base é circular.	

- Há alguma característica que é comum ao cilindro e ao cone? Qual?

_____

229

Congruência de figuras

1. As figuras abaixo são congruentes. Encontre uma explicação para justificar que elas são congruentes.

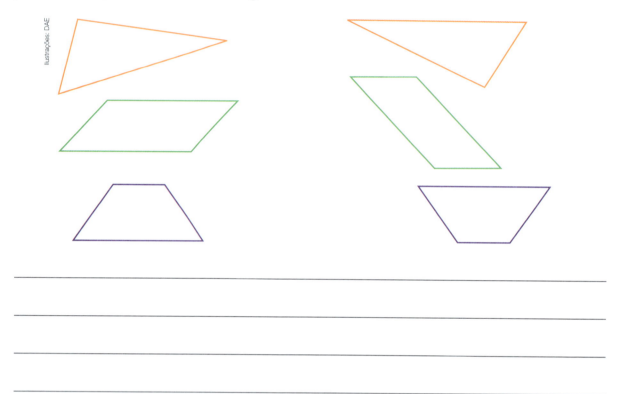

_____
_____
_____
_____

2. Desenhe uma figura na malha pontilhada da esquerda. Troque com um colega: a proposta é fazer um desenho congruente na malha que está à direita. Antes de fazer o desenho, respondam à seguinte pergunta: O que precisa ser olhado na figura-modelo para que a figura da direita seja congruente à da esquerda?

_____

230

3. Na malha pontilhada, ligue os pontos para formar as figuras que são pedidas:

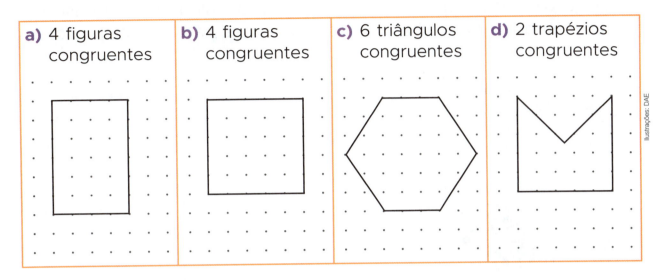

| a) 4 figuras congruentes | b) 4 figuras congruentes | c) 6 triângulos congruentes | d) 2 trapézios congruentes |

4. Veja esta figura.

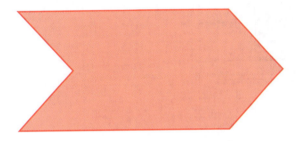

- O que deve ser observado para você criar uma figura que não seja congruente a esta?

_____

_____

5. Veja estas duas figuras:

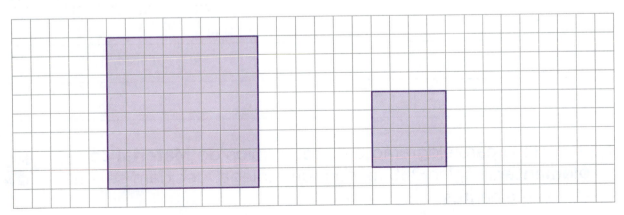

231

O que você observa nessas duas figuras? Converse com os colegas e o professor.

Observe a figura que está na malha quadriculada do lado esquerdo e amplie-a na malha quadriculada que está do lado direito.

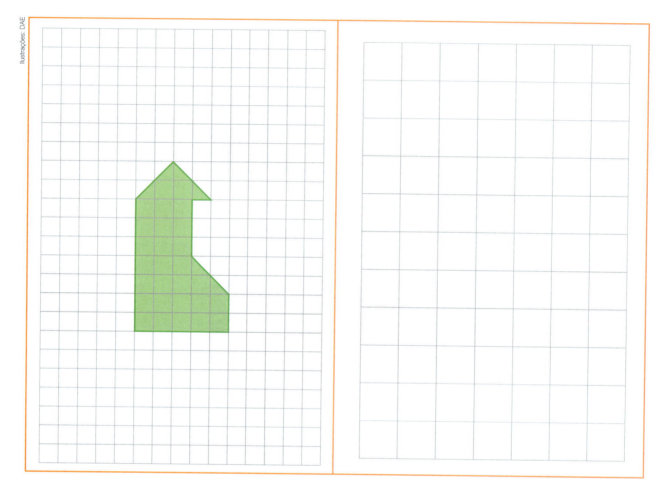

- Por que as figuras são semelhantes?

_____

_____

_____

_____

_____

6. Recorte o paralelogramo e os retângulos do **Material complementar**, página 255, e, com um colega, decidam se elas são semelhantes.

232

Volume

Observe as construções feitas com cubos coloridos de mesmo tamanho. Atenção: não há cubos escondidos atrás de cada construção.

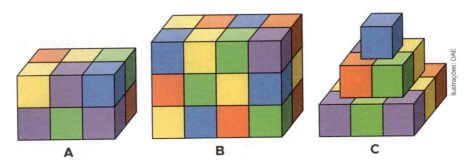

A   B   C

1. Estime quantos cubos foram usados para fazer cada construção.

_____

_____

2. Preencha o quadro com a quantidade de cubos de cada construção.

3. Qual construção é formada por mais cubos?

_____

4. A construção **B** ocupa mais espaço ou menos espaço que a construção **A**? Explique por quê.

_____

233

5. Utilizando os cubos da unidade do Material Dourado ou de um material similar, façam uma construção em grupo. Quantos cubos foram usados?

O volume de um cubo com 1 cm de aresta é 1 centímetro cúbico (1 cm³).

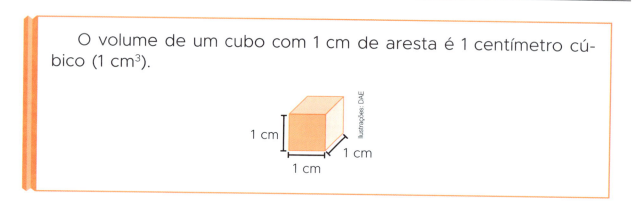

6. Sabendo que cada cubo abaixo tem 1 cm de aresta, calcule o volume de cada uma das construções.

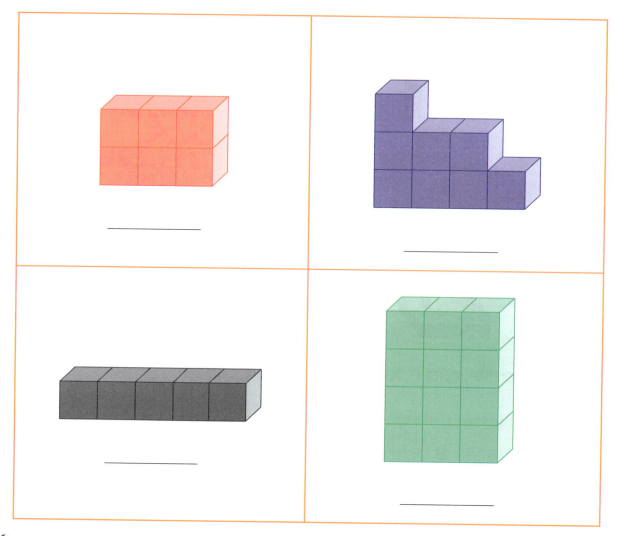

234

Para saber quanto espaço uma caixa de sapato ocupa, ou quantos cubos de 1 cm³ cabem dentro dela, você precisará medir o comprimento, a largura e a altura da caixa. São três dimensões, por isso dizemos que a caixa é **tridimensional**.

Para calcular o volume da caixa devemos multiplicar **comprimento × largura × altura**.
Imagine, por exemplo, uma caixa com as seguintes dimensões:

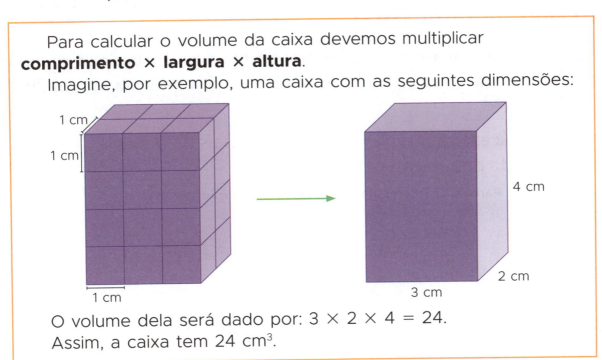

O volume dela será dado por: 3 × 2 × 4 = 24.
Assim, a caixa tem 24 cm³.

7. Com uma régua, meça as arestas de uma caixa de sapato.

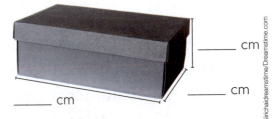

8. Calcule o volume dos paralelepípedos.

a)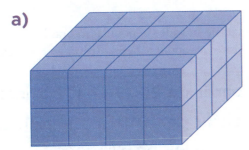

Comprimento: _____ cm

Largura: _____ cm

Altura: _____ cm

Volume: _____ cm³

b)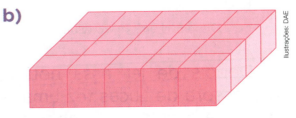

Comprimento: _____ cm

Largura: _____ cm

Altura: _____ cm

Volume: _____ cm³

235

Probabilidade e estatística

Mais da metade da população brasileira acessa a internet, aponta IBGE

Impulsionada por jovens, tanto pobres quanto ricos, a parcela da população brasileira que usa a internet ultrapassou os 50% pela primeira vez em 2014. [...]

Acesso à internet ultrapassou mais da metade da população em 2014

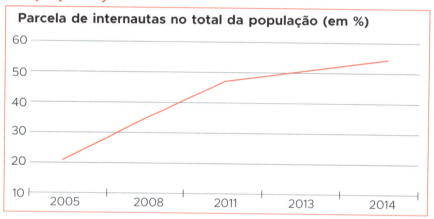

[...] Em 2004, o acesso à internet via microcomputador estava em 6,3 milhões dos domicílios do país – e passou para 28,2 milhões deles, em 2014. Esses números equivaliam a 12,2% do total de domicílios, em 2004; e a 42,1% deles, em 2014.

[...]

Disponível em: <www.valor.com.br/brasil/4513070/mais-da-metade-da-populacao-brasileira-acessa-internet-aponta-ibge>. Acesso em: set. 2017.

Depois de ler essa notícia, a professora de Lucas fez uma pesquisa na escola para saber a partir de quando os alunos do Ensino Fundamental II e Ensino Médio tiveram acesso à internet pelo celular, seja pelo celular dos pais ou deles próprios. Observe os dados apresentados em forma de tabela e de gráfico:

A partir de 2009	102 alunos
A partir de 2010	114 alunos
A partir de 2011	262 alunos
A partir de 2012	264 alunos
A partir de 2013	284 alunos
A partir de 2014	290 alunos

Fonte: Dados obtidos na escola em que Lucas estuda.

Acesso à internet pelo celular

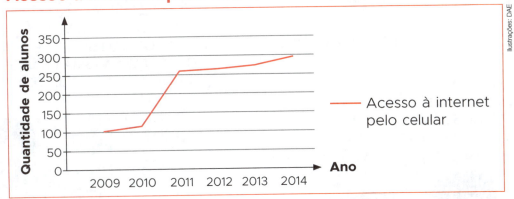

Fonte: Dados obtidos na escola em que Lucas estuda.

1. Em que ano foi registrada a maior quantidade de acessos à internet pelo celular? _____

2. Agora, em grupo, façam uma pesquisa para descobrir quantas vezes por semana os alunos da escola acessam a internet. Registrem as informações em uma tabela e, depois, elaborem um gráfico de linha utilizando um *software* de planilha eletrônica. Para isso, sigam as orientações abaixo.

    - Abram o *software* de planilha eletrônica e cliquem em **Inserir** e depois em **Gráfico**.
    - Será aberta uma janela com vários tipos de gráficos. Selecionem o primeiro modelo de gráfico de LINHA que aparecer e cliquem em **OK**.
    - Abrirá uma segunda tela com uma planilha de dados.
    - Nas **categorias** vocês deverão acrescentar as quantidades de vezes citadas.
    - Vocês precisarão somente de uma série, que deve ser renomeada para **Acesso à internet durante uma semana**.

	A	B	C	D
1		Série 1	Série 2	Série 3
2	2009	4,3	2,4	2
3	Categoria 2	2,5	4,4	2
4	Categoria 3	3,5	1,8	3
5	Categoria 4	4,5	2,8	5

    - Insiram na tabela os dados obtidos para fazer o gráfico. Depois, escrevam no caderno um texto sobre o que descobriram em relação ao uso da internet na escola.

Quantas chances?

Leia a história em quadrinhos:

Agora você receberá um saquinho ou uma caixa com alguns círculos. Sorteie 10 círculos e responda:

a) Quantos círculos sorteados são vermelhos? E quantos são azuis?

_____

b) Quantos sorteios foram realizados? _____
c) O que saiu mais? Círculos vermelhos ou azuis?

_____

d) Converse com o professor e os colegas sobre o porquê isso aconteceu.
e) O que você pode concluir sobre quantas são as chances de sair círculo vermelho ou círculo azul?

_____

_____

f) Que relação você pode estabelecer entre o sorteio dos círculos e o sorteio das cores do dado? A professora tinha razão? Todos têm a mesma chance de avançar?

_____

_____

Coleção de problemas

1. Uma loja fez uma promoção no fim de semana. Imagine que você trabalha nessa loja e é responsável pelo cálculo dos preços novos dos produtos. Calcule o preço de cada produto com os descontos.

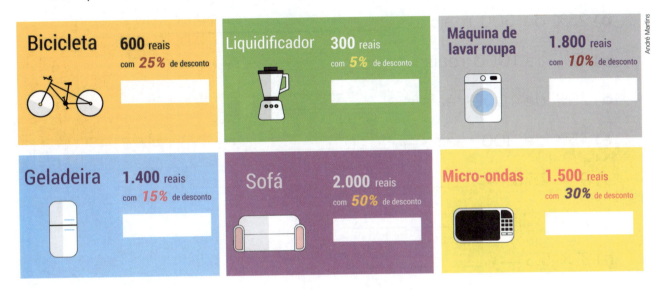

2. Invente uma situação-problema que tenha como resposta:

> O preço final será de 200 reais.

_____

3. Tiago precisa fazer um trabalho de Arte. Veja o que ele comprou e calcule quanto gastou em cada produto e no total.

Quantidade	Produto	Preço unitário	Valor Total
5	cartolinas coloridas	R$ 0,75	
10	cartolinas brancas	R$ 0,50	
3	lápis grafite	R$ 1,25	
4	canetas esferográficas	R$ 3,50	
		Total	

Retomada

1. Calcule.

a) 50% de 100 reais ⟶ _____

b) 25% de 600 reais ⟶ _____

c) 10% de 1000 reais ⟶ _____

d) 75% de 1000 reais ⟶ _____

e) 45% de 300 reais ⟶ _____

f) 9 × 75,8 ⟶ _____

g) 7 × 132,87 ⟶ _____

h) 3 × 5,3 ⟶ _____

i) 10 × 58,5 ⟶ _____

j) 100 × 6,8 ⟶ _____

k) 1 000 × 0,045 ⟶ _____

2. Escreva com números decimais e por extenso cada fração a seguir.

a) $\dfrac{4}{10}$ ⟶ _____

b) $\dfrac{256}{1000}$ ⟶ _____

c) $9 + \dfrac{2}{10}$ ⟶ _____

d) $63 + \dfrac{5}{10} + \dfrac{6}{100}$ ⟶ _____

e) $\dfrac{36}{100}$ ⟶ _____

f) $\dfrac{89}{1000}$ ⟶ _____

3. Calcule as adições indicadas.

	+ 0,01	+ 0,1	+ 1
3,456			
5,9			
9,57			
12,238			
5,045			
12,9			
6,18			
0,56			
0,187			

4. Escreva quatro adições com decimais cuja soma seja igual a 2,4.

_____

_____

_____

_____

5. Qual é o molde para montarmos um chapéu de aniversário?

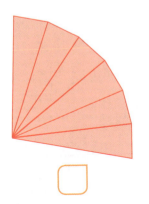  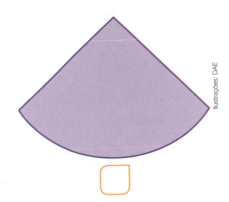

241

Periscópio

📖 Para ler

Atividades e jogos com círculos, de Marion Smoothey. São Paulo: Scipione, 1998. (Investigação Matemática). Temas matemáticos como comprimento da circunferência, círculo, padrões, simetria axial e rotacional são tratados nesse livro por meio de jogos, quebra-cabeças, dobraduras e outros.

Aventura decimal, de Luzia Faraco Ramos. São Paulo: Ática, 2001. (A Descoberta da Matemática).
Ao se machucar nos jogos de futebol da escola, Paulo tem a oportunidade de viver uma aventura inesperada, em um país cheio de mistérios. De quebra, aprende muito de números decimais.

👆 Para acessar

O significado de porcentagem: conteúdo de Sal Khan, do Instituto para Tecnologia e Educação de Monterey. Veja o que é porcentagem observando uma malha de 10 por 10. Disponível em: <https://khanacademy.org/math/pre-algebra/pre-algebra-ratios-rates/pre-algebra-intro-percents/v/describing-the-meaning-of-percent>. Acesso em: 3 out. 2017.

Referências

ABRANTES, P. et al. A *Matemática na Educação Básica*. Lisboa: Ministério de Educação/Departamento de Educação Básica, 1999.

BARBOSA, Ana Mae. Arte-educação no Brasil: realidade hoje e expectativas futuras. Trad. Sofia Fan. *Estudos Avançados*. Banco de Textos do Projeto Arte na Escola nº 6/1993, p. 178.

BOALER, J. *Mentalidades matemáticas*: estimulando o potencial dos estudantes por meio da matemática criativa, das mensagens inspiradoras e do ensino inovador. Porto Alegre: Penso, 2018.

BRASIL. Ministério da Educação. Secretaria de Educação Média e Tecnológica. *Parâmetros Curriculares Nacionais*: Ciências da Natureza e suas Tecnologias. Brasília: MEC, 2002.

CROWLEY, M. L. O modelo van Hiele de desenvolvimento do pensamento geométrico. In: LINDQUIST, M. M.; SHULTE, A. P. (Org.). *Aprendendo e ensinando Geometria*. São Paulo: Atual Editora, 1994.

GÓMEZ, A. I. P; SACRISTÁN, J. G. *Compreender e transformar o ensino*. Porto Alegre: Artmed, 1998.

HERNÁNDEZ, F. *Cultura visual, mudança educativa e projeto de trabalho*. Porto Alegre: Artmed, 2000.

HOFFER, A. Geometria é mais que prova. Trad. Antonio Carlos Brolezzi. *Mathematics Teacher*, NCTM, v. 74, p.11-18, jan. 1981.

LARROSA, Jorge. *Linguagem e educação depois de Babel*. Belo Horizonte: Autêntica, 2004.

MACHADO, N. J. *Epistemologia e didática*: as concepções de conhecimento e inteligência e a prática docente. São Paulo: Cortez Editora, 1995.

_____. *Matemática e língua materna*: uma impregnação essencial. São Paulo: Cortez Editora, 1990.

MARTINS, M. C.; PICOSQUE, G. *Mediação cultural para professores andarilhos na cultura*. São Paulo: Editora Intermeios, 2012.

MARTINS, M. C.; PICOSQUE, G.; GUERRA, M. T. T. *Teoria e prática do ensino de Arte*: a língua do mundo. São Paulo: FTD, 2010.

MERLEAU-PONTY, M. *A prosa do mundo*. São Paulo: Cosac Naify, 2012.

PENA-VEJA, A.; ALMEIDA, C. R. S.; PETRAGLIA, I. *Edgar Morin*: ética, cultura e educação. São Paulo: Cortez Editora, 2001.

SMOLE, K. S. S.; DINIZ, M. I. (Org.). *Ler, escrever e resolver problemas*: habilidades básicas para aprender Matemática. Porto Alegre: Artmed, 2001.

_____; DINIZ, M. I.; CÂNDIDO, P. *Figuras e formas*. Porto Alegre: Artmed, 2003.

_____; DINIZ, M. I.; CÂNDIDO, P. T. *Cadernos do Mathema*: jogos de Matemática do 1º ao 5º ano. Porto Alegre: Artmed, 2003.

VAN DE WALLE, J. A. *Matemática no Ensino Fundamental*: formação de professores e aplicação em sala de aula. Porto Alegre: Artmed, 2009.

VAN HIELE, P. M. *El problema de la comprensión*: en conexión con la comprensión de los escolares en el aprendizaje de la Geometría. Utrecht, 1957. 151 f. Tese (Doutorado em Matemática e Ciências Naturais) – Universidade Real de Utrecht.

VELOSO, E. *Geometria*: temas actuais – materiais para professores. Lisboa: Instituto de Inovação Educacional, 1998.

VIGOTSKY, L. S. *Pensamento e linguagem*. 3. ed. São Paulo: Martins Fontes, 2005.

Material complementar

Página 101 – Jogo memória das frações equivalentes

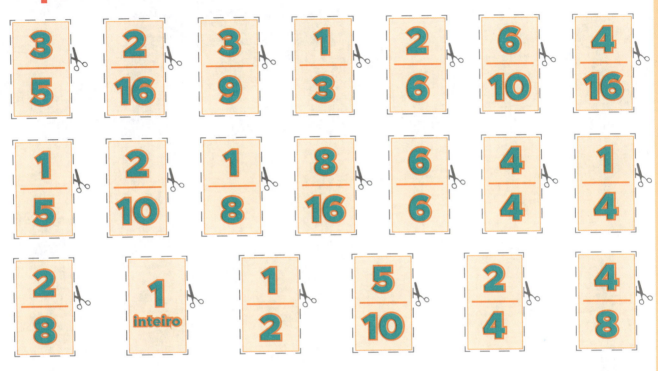

Página 108 – Terrenos

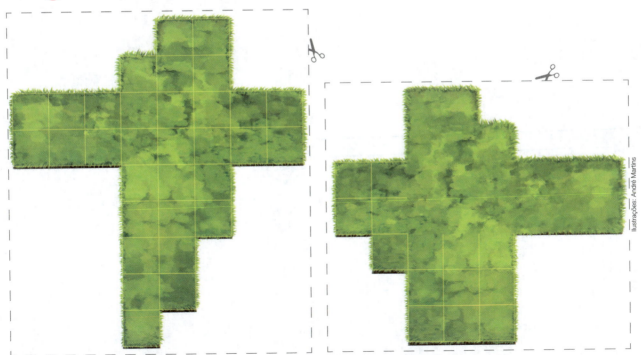

Página 126 – Planificações de figuras geométricas espaciais

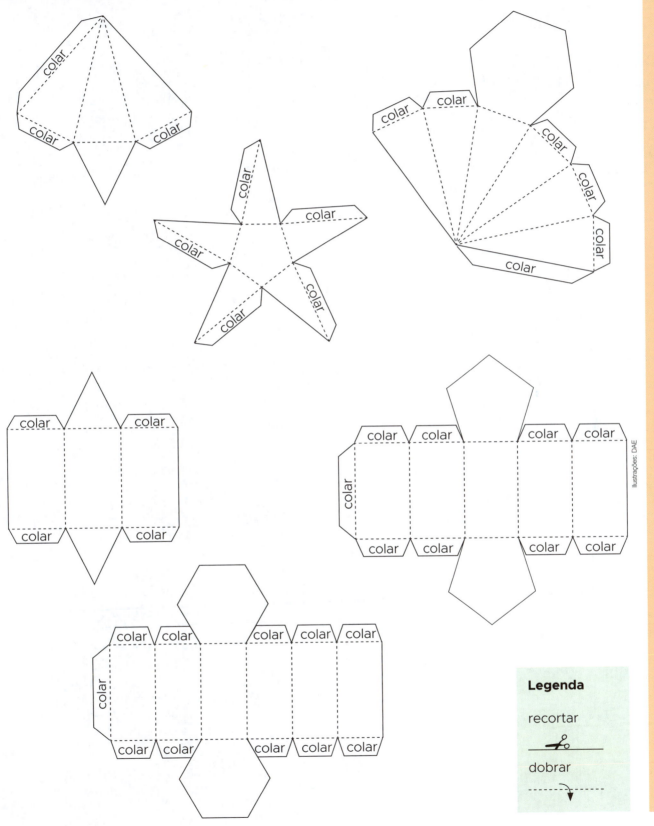

247

Página 129 – Planificações da superfície do paralelepípedo

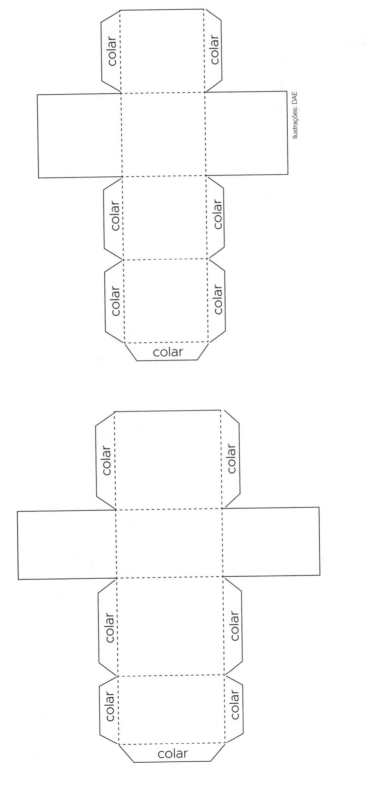

Legenda

recortar

dobrar

Página 159 – Localize-se!

Página 160 – Jogo caça ao tesouro

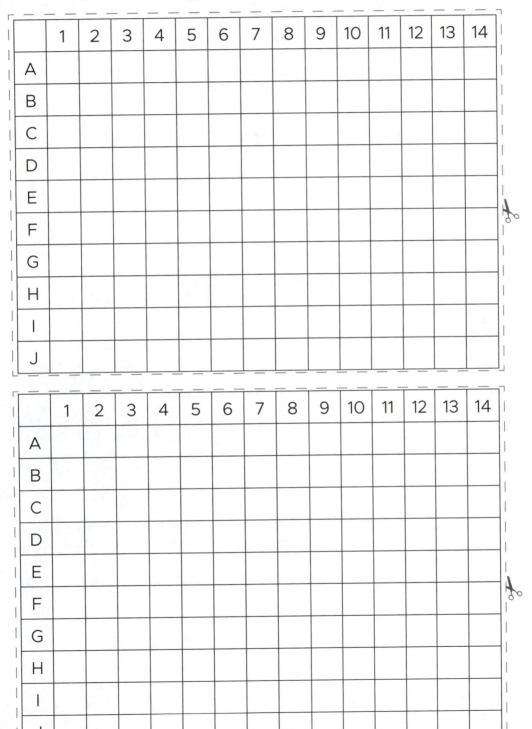

Página 228 - Planificação das superfícies do cone e do cilindro

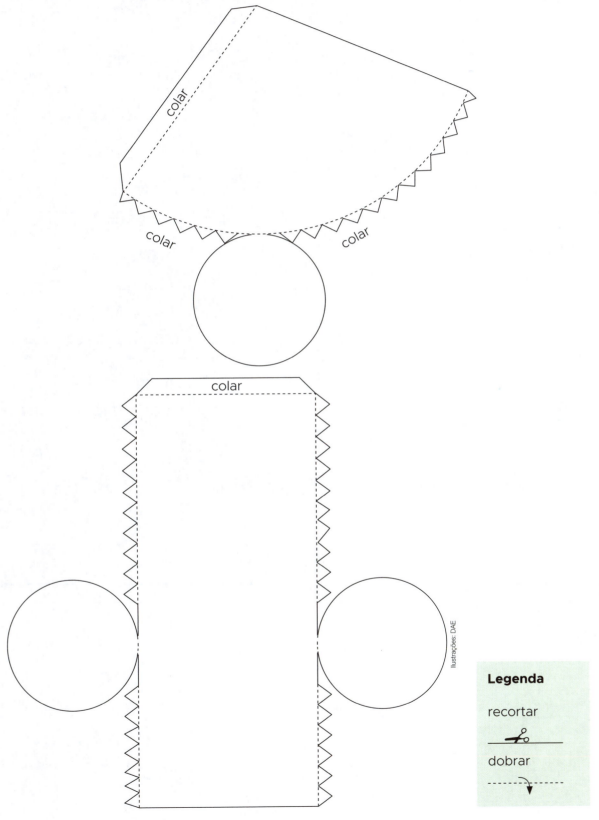

Página 232 – Paralelogramo e retângulo